# 抖音短视频营销与推广

罗丹丹 ◎ 编著

清华大学出版社
北京

## 内容简介

这是一本关于抖音短视频营销推广的书籍，全书共分 12 章，内容包括了解抖音短视频平台、抖音优质视频策划、抖音视频的录制、拍摄制作、后期剪辑以及如何为抖音账号引流涨粉、实现短视频营销变现等。

全书条理清晰，按照短视频整体运营推广的流程进行讲解，以帮助读者由浅入深地了解和掌握在抖音平台从零开始制作并推广短视频。同时，书中介绍了大量的短视频案例以及运营工具，以帮助读者更快掌握技巧。本书适合想要系统了解抖音短视频玩法的新媒体运营专员、电商卖家、自媒体达人以及想要入行短视频领域的人员。

本书封面贴有清华大学出版社防伪标签，无标签者不得销售。
版权所有，侵权必究。举报：010-62782989，beiqinquan@tup.tsinghua.edu.cn。

**图书在版编目(CIP)数据**

抖音短视频营销与推广 / 罗丹丹编著．—北京：清华大学出版社，2021.3
ISBN 978-7-302-56371-6

Ⅰ. ①抖… Ⅱ. ①罗… Ⅲ. ①网络营销 Ⅳ. ① F713.365.2

中国版本图书馆 CIP 数据核字 (2020) 第 166844 号

责任编辑：李玉萍
封面设计：李　坤
责任校对：张彦彬
责任印制：杨　艳

出版发行：清华大学出版社
　　　网　　址：http://www.tup.com.cn，http://www.wqbook.com
　　　地　　址：北京清华大学学研大厦 A 座　　邮　　编：100084
　　　社 总 机：010-62770175　　　　　　　　邮　　购：010-62786544
　　　投稿与读者服务：010-62776969，c-service@tup.tsinghua.edu.cn
　　　质 量 反 馈：010-62772015，zhiliang@tup.tsinghua.edu.cn
印 装 者：三河市中晟雅豪印务有限公司
经　　销：全国新华书店
开　　本：170mm×240mm　　　印　　张：19.75　　　字　　数：316 千字
版　　次：2021 年 4 月第 1 版　　印　　次：2021 年 4 月第 1 次印刷
定　　价：59.80 元

产品编号：086236-01

# 前言

▶ **编写目的**

短视频具有移动性、娱乐化、视觉冲击力强等特点，同时也符合当下网民碎片化的信息接受习惯，这使得短视频成为广大网民社交与获取信息的重要工具。从短视频平台的兴起到短视频用户规模的不断增长，刷短视频成为人们新的娱乐方式，与此同时，短视频巨大的商业价值也日益凸显。

目前，市场上的短视频平台有很多，用户量和活跃度是选择短视频平台时需要考量的重要指标。而在短视频市场中，抖音平台具有用户量与广告价值上的独特优势。

粉丝体量大、变现能力强、视频多样化使得抖音位于短视频平台排行榜的前列，随着抖音的不断发展，其逐渐进入规范化发展阶段，越来越多的用户、内容创作者以及企业加入了抖音平台。

如今，抖音短视频已不仅仅是视频的发布平台，也是企业以及内容创作者进行营销推广的平台。对企业以及内容创作者来说，要想在抖音上实现品牌或产品的曝光，甚至是营销变现，就要清楚抖音短视频的特点以及规则。

短视频的内容形式、账号定位以及推广手段都会影响抖音账号的曝光量，而没有播放量、没有点赞、账号不吸粉也是很多短视频创作者入驻抖音后时常遇到的问题。为了帮助想要入驻抖音的内容创作者提高短视频的营销推广力，我们策划了本书。本书由浅入深地讲解了抖音短视频营销推广的全过程，具有以下特点。

| 特点 | 说明 |
| --- | --- |
| 条理清晰<br>内容实用 | 本书按照短视频内容策划→拍摄录制→后期剪辑→营销推广→效果跟踪的流程进行讲解，以帮助创作者全面把控抖音短视频从内容生产到营销推广的整体运营策略 |
| 案例讲解<br>操作性强 | 全书内容从实战出发，在理论讲解的过程中提供了大量的短视频案例，对于短视频制作、剪辑等内容，详细介绍了操作流程及方法，旨在帮助读者更快上手实操 |
| 工具图解<br>运用高效 | 在抖音视频运营推广的过程中，离不开各种工具的使用，包括视频编辑制作工具以及数据分析工具等，针对抖音运营所需要的工具，书中提供了功能以及使用方法图解，旨在帮助读者提高短视频运营效果 |

### ▶ 本书结构

本书共分 12 章，包括抖音短视频的内容策划、录制剪辑、推广策略、营销变现以及评估优化 5 个部分，具体内容如下。

| 内容介绍 | 主要内容 |
| --- | --- |
| 内容策划 | 该部分为本书的第 1～2 章，主要介绍了短视频营销基础知识和如何进行短视频内容策划，包括短视频营销所具有的优势、深入了解抖音短视频平台、搭建抖音短视频运营团队、如何根据热点做选题、如何低成本获得好创意等内容 |
| 录制剪辑 | 该部分为本书的第 3～6 章，主要介绍了如何拍摄和剪辑抖音视频，包括准备拍摄所需设备、视频所需素材的准备、用抖音 APP 拍摄一段视频、短视频拍摄常用手法、使用抖音官方剪辑工具、制作背景音乐和字幕以及在电脑端精剪视频素材等内容 |
| 推广策略 | 该部分为本书的第 7～9 章，主要介绍了抖音视频推广的策略，包括爆款抖音标题写法、制作有吸引力的封面、选择合适的背景音乐、提高视频上推荐的机会、参与官方挑战赛、运用 DOU+ 推广视频、抖音号互推引流玩法以及如何避免账号掉粉等内容 |
| 营销变现 | 该部分为本书的第 10 章，主要介绍了抖音短视频营销变现的方法，包括短视频变现的几种方式、开通抖音商品橱窗、入驻星图推广接单以及直播引流带货等内容 |
| 评估优化 | 该部分为本书的第 11~12 章，主要介绍了如何进行短视频效果跟踪以及优化，包括短视频数据指标分析、数据分析优化运营、抖音账号价值评估以及如何持续提升短视频影响力等内容 |

### ▶ 本书读者

本书特别适合接触过抖音短视频，想要系统了解并精通的运营人员，同时也适合想要运营好自己抖音号的自媒体达人、电商卖家、创业者以及想要转行短视频运营领域的人员。

由于编者经验有限，书中难免会有疏漏和不足之处，恳请专家和读者不吝赐教。

编　者

# 目　录

## 第 1 章　走进短视频内容营销时代

### 1.1　从图文到短视频营销 ........................................................................ 2
- 1.1.1　什么是短视频营销 ................................................................ 2
- 1.1.2　短视频与长视频有何不同 .................................................... 3
- 1.1.3　从横屏视频到竖屏视频 ........................................................ 4
- 1.1.4　短视频时长再次扩容 ............................................................ 5

### 1.2　短视频营销所具有的优势 ................................................................ 5
- 1.2.1　比图文更具有代入感 ............................................................ 6
- 1.2.2　强用户互动性和分享性 ........................................................ 7
- 1.2.3　粉丝经济带动口碑营销 ........................................................ 8
- 1.2.4　"边看边买"提高转化力 .................................................... 9
- 1.2.5　传播渠道广泛 ...................................................................... 10
- 1.2.6　低成本的营销推广方式 ...................................................... 11

### 1.3　深入了解抖音短视频平台 .............................................................. 12
- 1.3.1　抖音平台的发展与定位 ...................................................... 12
- 1.3.2　抖音具有的四大优势 .......................................................... 13
- 1.3.3　抖音平台用户画像 .............................................................. 15
- 1.3.4　抖音界面功能介绍 .............................................................. 17

### 1.4　搭建抖音短视频运营团队 .............................................................. 18
- 1.4.1　运营团队的常见配置 .......................................................... 18

1.4.2 明确团队成员职责要求 ····· 19
1.4.3 如何提高短视频团队效率 ····· 20

# 第 2 章 策划抖音优质短视频内容

## 2.1 抖音常见的内容方向 ····· 24
2.1.1 搞笑剧情类 ····· 24
2.1.2 美食制作类 ····· 25
2.1.3 音乐舞蹈类 ····· 27
2.1.4 知识技能类 ····· 27
2.1.5 vlog 旅行记录类 ····· 29
2.1.6 美妆时尚类 ····· 31
2.1.7 二次元动画类 ····· 32

## 2.2 如何根据热点做选题 ····· 32
2.2.1 什么样的热点值得追 ····· 33
2.2.2 利用节日热点做内容 ····· 35
2.2.3 多平台找热门话题 ····· 36
2.2.4 通过抖音热点榜找话题 ····· 38
2.2.5 了解品牌热 DOU 榜 ····· 39
2.2.6 建立短视频爆款内容库 ····· 41

## 2.3 持续策划垂直优质内容 ····· 42
2.3.1 为什么要让内容高垂直 ····· 43
2.3.2 优质短视频内容有哪些特点 ····· 44
2.3.3 打造粉丝喜欢的内容 ····· 45
2.3.4 短视频场景脚本设计 ····· 47

## 2.4 如何低成本获得好创意 ····· 48
2.4.1 从新媒体平台找各类资源 ····· 48
2.4.2 从日常生活中找到创意 ····· 50
2.4.3 从竞品视频中找到灵感 ····· 51
2.4.4 新媒体爆火梗二次加工 ····· 53

# 第 3 章　抖音短视频录制前期准备

## 3.1　准备拍摄所需设备 ............................................................. 56
### 3.1.1　摄影工具的准备 ............................................................ 56
### 3.1.2　灯光设备的准备 ............................................................ 57
### 3.1.3　拍摄道具的采购和存放 .................................................... 59
### 3.1.4　拍摄视频常用的录音设备 ................................................. 59
### 3.1.5　短视频拍摄常用辅助器材 ................................................. 61

## 3.2　提高画面质量的布景准备 ..................................................... 63
### 3.2.1　短视频布景的意义 .......................................................... 63
### 3.2.2　场景布置的三大原则 ....................................................... 64
### 3.2.3　布景时如何搭配道具 ....................................................... 66

## 3.3　视频所需素材的准备 ........................................................... 67
### 3.3.1　视频素材常用网站 .......................................................... 67
### 3.3.2　将视频素材下载保存 ....................................................... 69
### 3.3.3　抖音短视频解析下载 ....................................................... 71
### 3.3.4　图片素材去哪里找 .......................................................... 72
### 3.3.5　建立背景音乐素材库 ....................................................... 74

## 3.4　选择合适的摄影和剪辑软件 ................................................. 75
### 3.4.1　常用的手机摄影应用 ....................................................... 75
### 3.4.2　好用的手机视频剪辑软件 ................................................. 77
### 3.4.3　短视频达人常用的辅助工具 .............................................. 79

# 第 4 章　玩转抖音短视频拍摄制作

## 4.1　用抖音 APP 拍摄一段视频 ................................................... 82
### 4.1.1　进入拍摄界面拍摄视频 .................................................... 82
### 4.1.2　搜索并剪取背景音乐 ....................................................... 83
### 4.1.3　为短视频添加文字 .......................................................... 84
### 4.1.4　选择合适的特效效果 ....................................................... 85

4.1.5 保存并发布短视频 ...... 86

## 4.2 常用短视频拍摄手法 ...... 87

4.2.1 如何保持稳定不抖动 ...... 88
4.2.2 掌握6种运镜技巧 ...... 89
4.2.3 如何瞬间切换场景 ...... 92
4.2.4 延时拍摄呈现流动效果 ...... 93

## 4.3 提升镜头美感的技巧 ...... 94

4.3.1 学点摄影构图法 ...... 95
4.3.2 打开构图线辅助构图 ...... 96
4.3.3 适当用前景做装饰 ...... 97
4.3.4 选好角度营造不同视觉效果 ...... 98

## 4.4 巧妙植入营销信息 ...... 100

4.4.1 使用产品时进行种草 ...... 100
4.4.2 将产品以道具方式呈现 ...... 101
4.4.3 台词植入广告信息 ...... 102

## 4.5 不同类型视频拍摄注意事项 ...... 102

4.5.1 美食类短视频凸显食物质感 ...... 102
4.5.2 穿搭类短视频展现整体效果 ...... 105
4.5.3 美妆类短视频突出对比 ...... 106

# 第5章 用手机完成视频剪辑和后期

## 5.1 使用抖音官方剪辑工具 ...... 108

5.1.1 安装并下载剪映APP ...... 108
5.1.2 视频剪辑基础设置操作 ...... 108
5.1.3 导入视频并剪辑分割 ...... 109
5.1.4 导出视频分享到抖音 ...... 111

## 5.2 特效与滤镜的运用 ...... 112

5.2.1 视频快慢变速设置方法 ...... 112

5.2.2　画中画 + 滤镜营造背景模糊效果 ............................................................. 114
　　　5.2.3　滤镜调色把控画面色彩 ............................................................................. 117
　　　5.2.4　通过转场进行视频过渡 ............................................................................. 120
　　　5.2.5　利用特效添加神秘感 ................................................................................. 121
　5.3　制作背景音乐和字幕 ................................................................................................ 122
　　　5.3.1　为视频添加背景音乐 ................................................................................. 122
　　　5.3.2　录制视频人声并改变声音效果 ................................................................. 123
　　　5.3.3　自动识别文字为视频添加字幕 ................................................................. 124
　　　5.3.4　为音乐添加歌词文字 ................................................................................. 125
　5.4　一键剪辑抖音同款视频 ............................................................................................ 126
　　　5.4.1　预览模板并使用 ......................................................................................... 126
　　　5.4.2　在线编辑裁剪素材 ..................................................................................... 128

# 第 6 章　在电脑端精剪视频素材

　6.1　常用的电脑端剪辑工具 ............................................................................................ 130
　　　6.1.1　简单易用的会声会影 ................................................................................. 130
　　　6.1.2　支持在线视频剪辑的快剪辑 ..................................................................... 131
　　　6.1.3　操作简单轻松的爱剪辑 ............................................................................. 133
　　　6.1.4　功能强大的 premiere .................................................................................. 134
　6.2　用会声会影剪辑输出视频 ........................................................................................ 135
　　　6.2.1　导入视频素材并保存项目文件 ................................................................. 136
　　　6.2.2　使用剪切将视频素材分割 ......................................................................... 137
　　　6.2.3　调整视频的区间时间 ................................................................................. 139
　　　6.2.4　修剪视频片头和片尾 ................................................................................. 139
　　　6.2.5　多重修剪视频素材片段 ............................................................................. 140
　　　6.2.6　将剪辑好的视频输出保存 ......................................................................... 142
　6.3　为视频素材营造特殊效果 ........................................................................................ 143
　　　6.3.1　对画面色彩进行校正 ................................................................................. 144

6.3.2 为视频素材添加合适的滤镜 ............................................. 145
6.3.3 手动添加转场效果 ..................................................... 147
6.3.4 添加覆叠效果让视频更美观 ............................................. 149
6.3.5 用遮罩营造生动效果 ................................................... 153

## 6.4 为视频素材添加文字字幕 ................................................... 155
6.4.1 为视频添加标题字幕 ................................................... 155
6.4.2 通过模板制作动态标题 ................................................. 156
6.4.3 制作标题字幕镂空效果 ................................................. 158
6.4.4 淡入淡出字幕动画特效 ................................................. 160

## 6.5 为短视频添加背景音乐 ..................................................... 161
6.5.1 从原视频素材中分割音频 ............................................... 161
6.5.2 从素材库中添加背景音乐 ............................................... 162
6.5.3 手动录制画外音旁白 ................................................... 163
6.5.4 调整背景音乐音量大小 ................................................. 164

# 第 7 章 提高抖音短视频点赞量

## 7.1 提升用户共鸣感 ........................................................... 166
7.1.1 明确抖音禁止发布的内容 ............................................... 166
7.1.2 注重视频画面细节 ..................................................... 167
7.1.3 官方账号也可以"搞怪" ............................................... 169

## 7.2 爆款抖音标题写法 ......................................................... 170
7.2.1 标题对短视频的重要意义 ............................................... 170
7.2.2 拟标题要明确的三大要点 ............................................... 171
7.2.3 标题中体现视频核心内容 ............................................... 173
7.2.4 标题中添加抖音话题 ................................................... 175
7.2.5 利用工具为写标题找思路 ............................................... 177
7.2.6 抖音取标题的五大技巧 ................................................. 178

## 7.3 制作有吸引力的封面 ....................................................... 180

  7.3.1 短视频封面的常见形式..................181
  7.3.2 优质封面要满足5点要求..................183
  7.3.3 封面制作要避开的坑..................185
  7.3.4 电脑上制作视频封面海报..................186
  7.3.5 手机快速制作视频封面..................189
**7.4 让背景音乐增强感染力..................190**
  7.4.1 如何选择合适的背景音乐..................190
  7.4.2 结合抖音音乐榜找配乐..................192

# 第8章 抖音视频上热门的运营策略

**8.1 搞懂抖音平台规则..................196**
  8.1.1 抖音视频审核规则..................196
  8.1.2 抖音算法推荐机制..................197
  8.1.3 哪类视频无法被推荐..................198
  8.1.4 避免抖音平台雷区..................199
**8.2 提高视频上推荐机会..................200**
  8.2.1 提高完播率和互动率..................201
  8.2.2 提升抖音账号权重..................202
  8.2.3 稳定短视频发布时间..................204
**8.3 挑战赛助力流量曝光..................205**
  8.3.1 什么是抖音挑战赛..................205
  8.3.2 抖音挑战赛的类型..................206
  8.3.3 挑战赛带来的营销价值..................207
  8.3.4 抖音挑战赛常见玩法..................209
  8.3.5 如何参与官方挑战赛..................210
  8.3.6 提高挑战赛营销效果..................211
**8.4 争取上同城热门..................213**
  8.4.1 发视频带同城定位..................214

8.4.2 明确同城板块交互方式 .................................................. 215
8.4.3 开通抖音门店打造同城网红店铺 .................................. 216

# 第9章 提高曝光为账号引流涨粉

**9.1 如何获取种子粉丝** .................................................................. 218
 9.1.1 将抖音视频分享到朋友圈 .................................................. 218
 9.1.2 将其他平台粉丝引流到抖音 .............................................. 220
 9.1.3 制作抖音海报分享推广 ...................................................... 221
 9.1.4 生成图片口令添加站外好友 .............................................. 223

**9.2 增加抖音号曝光的操作** .......................................................... 226
 9.2.1 公众号发布抖音号通知 ...................................................... 226
 9.2.2 账号名带关键词 .................................................................. 227
 9.2.3 大号下回复蹭热门 .............................................................. 228
 9.2.4 信息流广告精准引流 .......................................................... 229

**9.3 运用DOU+推广视频** .............................................................. 231
 9.3.1 什么是DOU+工具 .............................................................. 231
 9.3.2 如何使用DOU+上热门 ...................................................... 232
 9.3.3 如何提高DOU+投放效果 .................................................. 234

**9.4 抖音号互推引流玩法** .............................................................. 235
 9.4.1 抖音号互相客串导流 .......................................................... 236
 9.4.2 文案中@账号引流 .............................................................. 236
 9.4.3 合拍互推让视频上热门 ...................................................... 237
 9.4.4 账号互粉间接引流 .............................................................. 239

**9.5 实用的涨粉小技巧** .................................................................. 240
 9.5.1 个人背景页吸引关注 .......................................................... 240
 9.5.2 不要轻易删除视频 .............................................................. 241

**9.6 如何避免账号掉粉** .................................................................. 242

9.6.1 账号掉粉的原因分析 .................................................. 242

9.6.2 账号被限流了该怎么办 .............................................. 245

# 第 10 章 如何实现抖音短视频营销变现

## 10.1 短视频变现的几种方式 ............................................. 248

### 10.1.1 积累粉丝做广告代言 .......................................... 248

### 10.1.2 电商卖货打造优质产品 ...................................... 249

### 10.1.3 深化学习知识付费 .............................................. 250

### 10.1.4 将粉丝导流线下交易变现 .................................. 251

## 10.2 开通抖音商品橱窗 ..................................................... 253

### 10.2.1 如何开通商品分享功能 ...................................... 253

### 10.2.2 如何开通小店功能 .............................................. 255

### 10.2.3 如何添加商品到抖音短视频中 .......................... 258

### 10.2.4 避免违规使用商品分享功能 .............................. 259

## 10.3 入驻星图推广接单 ..................................................... 261

### 10.3.1 什么是抖音星图平台 .......................................... 261

### 10.3.2 如何入驻星图平台 .............................................. 263

## 10.4 抖音直播引流带货 ..................................................... 264

### 10.4.1 直播对抖音运营的作用 ...................................... 265

### 10.4.2 如何开通抖音直播权限 ...................................... 266

### 10.4.3 开播前进行直播设置 .......................................... 267

# 第 11 章 抖音短视频投放效果跟踪

## 11.1 了解短视频基础数据指标 ......................................... 270

### 11.1.1 为什么要分析短视频数据 .................................. 270

### 11.1.2 查看抖音短视频播放量 ...................................... 270

### 11.1.3 体现互动量的关键指标 ...................................... 271

## 11.2 数据分析优化运营 .................................................. 273
### 11.2.1 优秀视频统计了解用户喜好 .................................. 273
### 11.2.2 根据数据调整发布时间 ........................................ 275
### 11.2.3 不能忽视的抖音排行榜单 .................................... 276
### 11.2.4 抓住短视频带货商品 ............................................ 278

## 11.3 抖音账号价值评估 .................................................. 281
### 11.3.1 了解账号在行业所处位置 .................................... 281
### 11.3.2 查看抖音账号评估报告 ........................................ 283

## 11.4 粉丝数据管理与维护 .............................................. 285
### 11.4.1 了解抖音账号粉丝增量 ........................................ 285
### 11.4.2 了解用户评论热点 ................................................ 286
### 11.4.3 开启通知避免错过互动信息 ................................ 288

# 第 12 章 不同领域如何持续提升影响力

## 12.1 美妆类短视频 .......................................................... 290
### 12.1.1 如何在抖音做美妆短视频 .................................... 290
### 12.1.2 美妆内容的升级玩法 ............................................ 291

## 12.2 美食类短视频 .......................................................... 292
### 12.2.1 同质化情形下如何脱颖而出 ................................ 293
### 12.2.2 将视频与产品直接关联 ........................................ 294

## 12.3 萌宠类短视频 .......................................................... 295
### 12.3.1 加深垂类内容输出 ................................................ 295
### 12.3.2 宠物企业的抖音玩法 ............................................ 297

## 12.4 母婴类短视频 .......................................................... 298
### 12.4.1 母婴类短视频内容形式 ........................................ 298
### 12.4.2 策划符合主流用户群体的内容 ............................ 300

# 走进短视频内容营销时代

第1章

不管是在朋友圈,还是在资讯网站上,以短视频为形态的内容已经不知不觉成为人们消遣娱乐和获取信息的一种方式。在社交网络上,人们也越来越喜欢用短视频来分享个人动态,各大品牌商和自媒体也顺应这种趋势改变了营销方式,短视频内容的营销时代已经到来。

- 什么是短视频营销
- 从横屏视频到竖屏视频
- 比图文更具有代入感
- ……
- 短视频与长视频有何不同
- 短视频时长再次扩容
- 强用户互动性和分享性

# 1.1 从图文到短视频营销

在移动广告时代,内容营销方式逐渐从文字、图文到短视频演变。随着短视频营销逐渐被大众接受,各短视频平台的营销玩法也在不断丰富,短视频营销方式呈现规范化、专业化的趋势。

## 1.1.1 什么是短视频营销

短视频营销有狭义和广义之分,从广义上说,是指以短视频作为载体的一种营销活动的总称;从狭义上说,是指在短视频平台上所开展的营销活动。短视频是随着媒体时代的发展而逐渐演变为一种营销活动的,在不同的时代,其具有不同的表现形式。

◆ 电视广告时代

在电视广告时代,短视频主要以电视的形式来传播,表现形式为广告片。这种短视频广告通过反复播出的方式来实现品牌宣传,画面通常美观精致,但互动性较弱。

◆ PC 广告时代

在 PC 广告时代,短视频主要以贴片广告的形式进行呈现,比如,在电脑上观看视频时,正剧播放前的贴片广告。相比电视广告,视频贴片广告的互动性更强,如图 1-1 所示。

图 1-1　PC 端视频贴片广告

◆ 移动广告时代

在移动广告时代，短视频营销的互动性得到进一步加强，社交媒介以及短视频平台成为短视频营销的重要阵地，短视频营销的内容表现形式更加生活化，营销互动方式也更多样化。如图 1-2 所示为短视频平台上的内容种草广告和信息流广告。

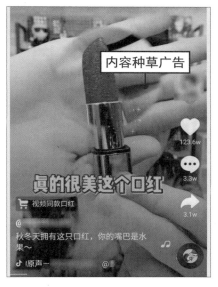

图 1-2　短视频平台上的内容种草广告和信息流广告

## 1.1.2　短视频与长视频有何不同

短视频与长视频主要的不同之处在于视频时长，对于短视频，并没有明确的时长标准，一般会将时长短于 5 分钟的视频称为短视频，大部分短视频的时长在 1 分钟以内。长视频的时长短则 30 分钟，长则达一两个小时。除了时长的区别外，短视频与长视频还有以下几点不同之处。

- ◆ 用户时间：短视频主要占据的是用户的碎片化时间，而长视频一般会占据用户连续的大段时间。
- ◆ 内容节奏：短视频内容通常简单明了、通俗易懂、节奏较快，长视频内容一般全面丰富、节奏较慢。

- **消费方式**：在短视频平台上，用户的消费行为大多是无意识进行的；而对于长视频，用户通常需要预留一定的时间来观看，其消费方式大多是预约式的。
- **传播速度**：短视频的社交属性更强，其传播速度相较而言会快于长视频。
- **传播媒介**：短视频通常在社交、电商和短视频平台上进行传播，长视频通常在大型视频网站、网络视频播放平台上传播。
- **制作成本**：长视频相比短视频制作难度要高，因此制作成本也相对要高。

## 1.1.3　从横屏视频到竖屏视频

随着各大短视频平台的发展，短视频的内容营销呈现方式也从横屏视频趋向于竖屏视频。如图1-3所示为不同短视频平台的内容呈现方式。

图1-3　竖屏内容呈现方式

现在人们浏览内容大多都是在智能手机上完成的，而在手机上观看横屏短视频需要进行翻转手机的动作,这对用户来说不是特别方便。竖屏短视频更符合人们的观影习惯,因此逐渐成为短视频的主流。

### 1.1.4 短视频时长再次扩容

在短视频平台发展之初,大多数短视频平台都只支持上传时长为 15 ~ 60 秒的视频。随着短视频的发展,短视频平台逐渐开放了时长限制,由 1 分钟升级为 5 分钟。而有的短视频平台则对视频时长再次开放了权限,如抖音在 2019 年 6 月发布通知:开放 15 分钟视频上传权限,原有 5 分钟权限的用户均可自动升级。短视频时长的升级也给内容营销者释放了一些重要信息,主要有如表 1-1 所示的几点。

表 1-1 短视频时长升级释放的重要信息

| 信息 | 内容 |
| --- | --- |
| 更注重内容优质度 | 视频时长扩容后,短视频创作者想要让视频抓住用户注意力,就需要提高视频内容的质量 |
| 内容更专业化 | 短视频时长权限的逐步开放意味着短视频内容会逐步偏向于专业化和精细化 |
| 内容更具有深度 | 对于一些知识技能型的短视频而言,视频时长升级后,可以使内容深度得到进一步提升 |
| 内容形式更多样化 | 过去受视频时长的限制,很多内容形式无法很好地呈现,视频时长权限开放后,内容创作者可以尝试更多样化的内容类型 |
| 制作能力要求更高 | 相比 15 ~ 60 秒的视频,5 ~ 15 分钟视频对短视频创作团队的制作能力要求会更高 |

## 1.2 短视频营销所具有的优势

短视频营销作为一种内容营销方式,具有很强的营销价值,其独特的优势使众多品牌商纷纷选择短视频来进行品牌和产品营销,那么,短视频营销究竟具有哪些优势呢？下面具体来看看。

## 1.2.1 比图文更具有代入感

图文是一种静态的内容，以"文字＋图片"的方式来呈现，短视频是一种动态的内容，以音乐、剧情、文字的方式来呈现。这使得短视频能以视听一体化的形态吸引用户注意力，使内容更具有代入感，如图1-4所示为图文与短视频内容呈现方式的对比。

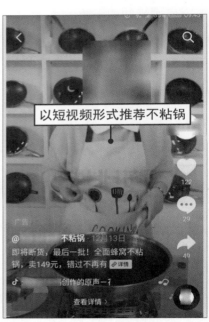

图1-4 图文与短视频内容呈现方式对比

从图1-4的内容展现方式可以看出，图文内容看起来信息量比较多，读者阅读起来花费的时间和精力会相对较多，短视频观看起来轻松不费脑，可以让用户的感知更丰富立体。同时，短视频可以用语调、角色、音乐等来打动用户，相比纯图文内容，以动态内容来呈现的短视频更容易被用户接受，建立产品与用户间的情感纽带。

## 1.2.2 强用户互动性和分享性

在阅读图文内容时，通常需要浏览到内容尾部后才能进行内容的点赞和评论，短视频则不同，用户可在观看短视频的同时就进行互动和分享，这使得短视频具有很强的互动性和分享性，如图 1-5 所示。

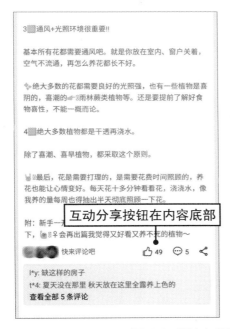 

图 1-5　图文与短视频互动分享按钮对比

优质的短视频内容常常能得到大量用户的互动和分享，这可以使短视频得到更广泛的传播。在短视频获得大量互动和分享的同时，页面中直观的互动和分享数据体验，也会让新观看的用户有评论和分享的欲望。

除此之外，短视频的强互动性还体现在内容生产上，如抖音短视频平台的合拍、挑战赛等，用户利用这些简单的素材即可完成短视频的创作和发布，这使得用户具有内容消费者和内容生产者双重身份，短视频平台提供的这些互动玩法进一步加强了短视频用户的参与感。如图 1-6 所示为抖音短视频 APP 中的合拍功能和挑战赛。

图 1-6 抖音短视频 APP 中的合拍功能和挑战赛

### 1.2.3 粉丝经济带动口碑营销

　　企业或自媒体可通过发布优质的短视频内容来吸引用户，当用户成为粉丝后，可针对粉丝进行产品和品牌的营销推广，实现营销转化。相比普通用户，粉丝的营销转化力会更强，并且其会更愿意分享和传播短视频。

　　在短视频平台上，当商家和自媒体以短视频形式分享产品后，粉丝可以在视频中对达人分享的产品作出评价反馈，同时也可以将该短视频转发到社交平台，良性的反馈和转发会进一步提高产品的曝光和销量，形成口碑营销。

　　以"口红一哥"李某为例，其在抖音平台拥有三千多万的粉丝，单条视频的播放量可达几十万甚至上百万，视频中分享的口红产品能拥有上万的浏览量和销量，这就是粉丝经济带来的营销转化力，而李某能拥有如此多的粉丝也离不开其良好的口碑效应。如图 1-7 所示为李某在抖音平台的单个视频播放数据和评论反馈。

# 第 1 章
## 走进短视频内容营销时代

图 1-7　单条视频播放数据和评论反馈

## 1.2.4 "边看边买"提高转化力

在短视频平台观看视频时，常常可以看到"购物车"的图标，这就是短视频平台提供的"边看边买"功能。

"边看边买"功能通常会显示在视频窗口中，同时会展示对应的商品标签，用户可以点击该链接进入购买页面。这种"边看边买"的购物方式可以帮助内容创作者将产品无缝植入内容中，以视频同款商品的形式让用户在观看视频的同时产生购买行为。

当短视频与"边看边买"功能结合后，可以节省用户下单的决策时间，让用户在碎片化时间内进行消费，这就使得短视频拥有了更强的营销转化力。如图 1-8 所示为不同短视频平台提供的"边看边买"功能。

 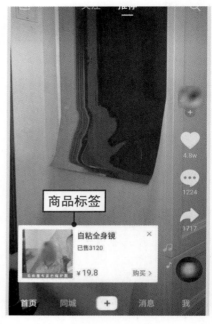

图 1-8　不同短视频平台提供的"边看边买"功能

## 1.2.5 传播渠道广泛

大多数情况下,短视频的播放量都会高于其粉丝量,一条内容优质的短视频很容易得到积极转发,而短视频除了可以在短视频平台上进行二次传播外,还可以在社交平台、电商平台以及自媒体平台上进行传播,再加上短视频自身"短而小"的内容形式符合移动互联网碎片化传播的特性,这使得短视频很容易形成病毒营销。

以新浪微博为例,在微博上常常可以看到从抖音、梨视频、快手等平台上转发而来的短视频。在转发的短视频上,可以看到平台水印以及创作者的ID,这样就可以实现短视频内容的二次传播以及账号的引流吸粉。如图1-9所示为传到微博上的抖音短视频。

图 1-9　传到微博上的抖音短视频

## 1.2.6　低成本的营销推广方式

短视频内容的时长并不长，这使得视频的制作周期较短，制作成本较低。虽然短视频时长较短，但其可承载的营销信息却是集中而丰富的，再加上短视频拥有庞大的受众群体，同时兼具很强的社交属性，这使得短视频营销价值得到提升，而传播成本却大大降低。

在营销推广上，短视频可以利用较低的成本来实现转发和推广，如在新媒体平台上，可以通过策划互动活动来引导用户转发视频或购买商品，以实现短视频的营销推广。

如图 1-10 所示为淘宝网中的短视频互动活动，用户可通过观看视频进行互动答题，答题正确后可获得优惠券，获得的优惠券可用于购物抵扣，而商家则实现了品牌宣传和产品销售。

 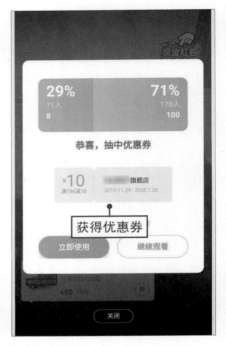

图 1-10 淘宝网的短视频互动活动

## 1.3 深入了解抖音短视频平台

随着短视频行业的发展，短视频平台也越来越多，在各大短视频平台中，抖音是品牌商和自媒体都不能忽视的重要平台。

### 1.3.1 抖音平台的发展与定位

抖音（https://www.douyin.com/）短视频平台上线于 2016 年 9 月，其定位是记录美好生活的短视频分享平台。在抖音上，用户可以分享自己拍摄的短视频作品，同时也可以观看他人发布的短视频作品。如图 1-11 所示为抖音官方网站首页。

第 1 章
走进短视频内容营销时代

图 1-11　抖音官方网站首页

抖音在上线后得到了快速发展，根据《2018 抖音大数据报告》显示，截至 2018 年 12 月，抖音国内日活跃用户突破 2.5 亿，月活跃用户突破 5 亿，用户全年打卡 2.6 亿次，足迹遍及 233 个国家与地区，如图 1-12 所示为报告内容。

图 1-12　《2018 抖音大数据报告》内容

### 1.3.2　抖音具有的四大优势

相比其他短视频平台，通过抖音进行短视频营销推广，具有以下四大优势。

（1）用户资源优质

抖音的用户多为年轻群体，这一人群具有接受新事物能力强、信息获取能力强、思想开放等特点，这些特点使得抖音短视频广告的内容曝光率相对较高。同时，在用户流量和活跃度上，抖音也有其独特优势。如图 1-13 所示为艾瑞

13

数据 2019 年 6 月短视频 APP 月独立设备数（该月使用过该 APP 的设备总数，单个设备重复使用不重复统计）对比，可以看出抖音的设备规模处于领先位置。

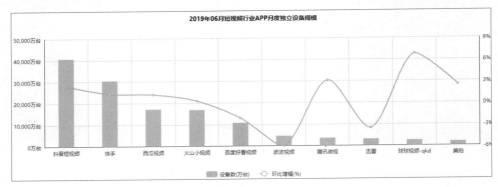

图 1-13　短视频 APP 月独立设备数

另外，根据 QuestMobile 发布的《2019 短视频行业半年度洞察报告》，我们也可以看出抖音在用户资源上的优势。如图 1-14 所示为 2019 年 6 月短视频行业典型 APP 月活跃用户数。

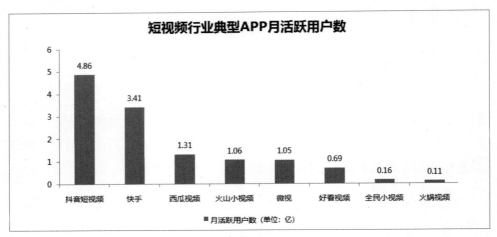

图 1-14　2019 年 6 月短视频行业典型 APP 月活跃用户数

（2）用户黏性好

抖音上入驻了很多红人以及明星，在网红达人和明星效应的作用下，再加上抖音所具有的智能社交特性，强化了内容生产者与消费者之间的关系，使得

# 第1章 走进短视频内容营销时代

抖音用户的黏性较强，这种高用户黏性也成就了短视频创作者的超强带货能力。

### （3）个性化精准营销

抖音依靠今日头条算法技术，其会根据用户标签为其推荐内容，"智能算法推荐机制"让抖音短视频具有个性化、精准营销的特征。这对于品牌商以及KOL营销来说，是低成本、高效营销的保障。

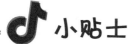

> **小贴士**
> 
> KOL的含义是指关键意见领袖，通俗来讲是指在某一领域具有影响力、权威力、号召力的人，比如，大V、网红达人、行业专家等。

### （4）营销生态初具规模

抖音的短视频营销生态已初具规模，平台上提供了很多个性化的营销玩法，商业合作模式上也越发成熟，这使得用户在使用抖音消遣、娱乐的同时能获得创新性、趣味性的营销体验。

## 1.3.3 抖音平台用户画像

不同的短视频平台，其聚焦的用户群体是不同的，明确抖音平台的用户画像，可以帮助我们更好地策划抖音内容，实现精细化短视频营销。在抖音短视频中，18～39岁的用户群体占比超80%。其中，90后、80后占比较大。如图1-15所示为《抖音上的80后、90后、00后》报告数据。

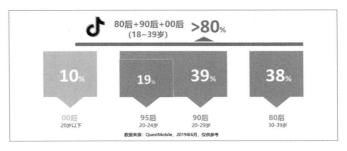

图1-15 《抖音上的80后、90后、00后》报告数据

性别上，00、90后的女性占比更高，80后的男性占比更高；地域分布上，一、二线城市中90后占比更高，00后、80后下沉明显，如图1-16所示。

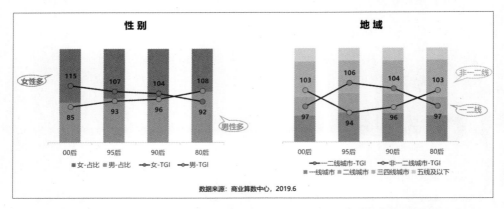

图1-16 《抖音上的80后、90后、00后》报告数据性别与地域数据

通过抖音用户群体画像可以看出，抖音上的用户多为年轻群体，年龄分布多集中于20～39岁，男女比例基本持平，下沉市场（下沉市场指三线、四线及以下城市的用户群体）占比过半，整体地域分布呈现下沉态势。

根据《抖音上的80后、90后、00后》报告数据显示，在播放和点赞量上，抖音用户呈现如表1-2所示的数据表现。

表1-2 抖音用户播放和点赞数据表现

| 年龄 | 播放量占比 | 点赞量占比 | 播放量趋势 | 点赞量趋势 |
| --- | --- | --- | --- | --- |
| 00后 | 14% | 20% | 119% | 129% |
| 95后 | 29% | 27% | 43% | 53% |
| 90后 | 56%（95前占28%） | 49%（95前占22%） | 59% | 72% |
| 80后 | 30% | 31% | 140% | 198% |

通过表1-2可以看出，在视频播放量和点赞量占比上，90后的贡献值更高，00后和80后增长更快。由此可见，当前90后在抖音平台上的活跃度更高，但00后、80后是不可忽视的潜力股。

在内容偏好上，演绎、美食、运动、创意以及旅行等是用户比较喜欢的，如图 1-17 所示。

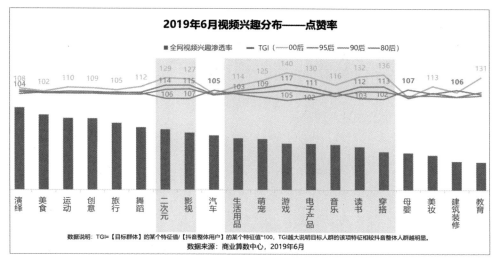

图 1-17　《抖音上的 80 后、90 后、00 后》内容偏好数据

根据图 1-17 的数据表现可以看出，00 后、90 后对于二次元、影视、游戏、穿搭等感兴趣，80 后对汽车、母婴、建筑装饰等感兴趣。

### 1.3.4　抖音界面功能介绍

抖音 APP 主界面整体给人以简单明了的感受，底部分为首页、同城、拍摄、消息和我 5 个按钮，顶部分为直播、关注、推荐和搜索 4 个按钮，如图 1-18 所示。

图 1-18　抖音 APP 主界面按钮

抖音主界面的按钮都有其各自的功能，具体内容如下。

- **首页**：是用户观看短视频的页面，用户可通过上下滑动切换视频，向右滑动可切换至账号简介界面，向左滑动可进入"关注"页面，观看已关注账号的短视频。
- **同城**：在"同城"页面可观看根据同城位置推荐的短视频和直播内容，用户可在该界面点击"切换"超链接切换位置，切换位置后，所推荐的内容也会发生变化。
- **拍摄**：拍摄功能的按钮为"+"，点击后可进入抖音短视频拍摄页面，用户可选择直接拍摄视频，也可选择上传视频。
- **消息**：在该页面可查看粉丝、点赞、@我的和评论消息。另外，系统消息和官方消息也可在该页面查看。
- **我**：是个人账号简介页面，用户可在该页面编辑个人资料，查看已发布和点赞的短视频。
- **直播**：直播功能按钮为"LIVE"，进入直播页面后，上下滑动可切换直播内容，向右滑动可查看更多直播，向左滑动可隐藏弹幕。
- **搜索**：搜索功能按钮为 🔍，进入搜索页面后可根据关键词搜索内容，查看"猜你想搜""热点榜""明星榜"排行榜。

## 1.4 搭建抖音短视频运营团队

在进行短视频营销前，首先要考虑的是人员配置问题，优秀的运营团队是进行抖音短视频平台精细化运营的保障，那么，组建一支短视频运营团队需要哪些人员呢？

### 1.4.1 运营团队的常见配置

根据发展阶段的不同，短视频运营团队的人员配置也会不同，一般来看，在团队组建初期，需要如表1-3所示的人员配置。

表1-3  短视频运营团队组建初期人员配置

| 岗 位 | 职 能 |
|---|---|
| 内容策划 | 通常负责短视频内容挖掘、创意构思和热点追踪等，内容策划一般要求有较强洞察力、创意，能够准确捕捉热点，熟悉短视频玩法，同时要有较强的文字编辑能力 |
| 编导 | 通常负责短视频素材的编排和脚本的书写，以及拍摄场地、设备、道具的准备等，编导要带领团队成员完成内容的拍摄与输出。对于很多初创团队来说，编导与内容策划常常由一个人担任，编导一般要求熟悉短视频制作流程，有良好的审美能力和基本的摄像、剪辑能力 |
| 摄影后期 | 通常负责短视频的拍摄、剪辑、调色等后期制作，一般要求有一定的拍摄经验，熟悉视频制作软件 |
| 演员 | 对于需要真人出镜的短视频，演员也是团队成员的组成部分，演员主要负责短视频的出演，配合摄像师完成拍摄，一般要求有一定的镜头感，有责任心和团体意识 |
| 运营人员 | 通常负责账号的日常运营，包括短视频发布、提高粉丝量和黏性、策划营销活动以及根据数据调整推广运营策略等，运营人员一般要求熟悉短视频平台玩法、内容及变现模式，具备渠道推广、数据分析等能力 |

在实践中，一般会根据运营成本预算来配置人员，预算不够的情况下常常会由短视频运营人员独自负责短视频的策划、拍摄、剪辑和运营。预算有限的情况下，如果想要保证短视频的产出，一般要配置2~3个核心岗位，包括摄影后期、运营人员或内容策划。

当团队有了一定的发展，要实现短视频的精细化运营时，可根据人才需求来增加团队成员，包括化妆师、灯光师、配音师、服装师、特效师、创意策划等。

## 1.4.2 明确团队成员职责要求

在组建短视频运营团队时，首先需要明确短视频工作流程及分工，清楚各工作流程需要的人力、物力，然后进行人员配置，以避免造成人员重叠或不足。一般来看，在短视频运营团队创立初期，团队成员在2~5人比较合适。

明确了要配置的岗位后，还要疏理各岗位分工及工作能力要求，可用表格的形式将各岗位职责整理出来，如表1-4所示。

表1-4 短视频运营团队岗位职责表

| 岗位 | 职位信息 | 岗位要求 |
| --- | --- | --- |
| 抖音运营 | 1. 负责并参与内容团队短视频文案策划、脚本撰写、拍摄制作。<br>2. 负责短视频内容产出及质量把控，高效产出年轻人喜欢的热点视频，实现增粉与粉丝黏性提升。<br>3. 负责抖音等平台的热门内容创新与优化。<br>4. 负责用户反馈和数据分析，了解用户需求和用户情感，激发用户参与互动 | 1. 优秀的文案水平，能独立完成短视频内容策划案。<br>2. 有强烈的敏感度以及创意转化的思维能力。<br>3. 熟悉短视频拍摄全流程和抖音平台运营机制。<br>4. 能够对短视频运营数据进行检测和分析。<br>5. 沟通能力强，具有较强责任感和团队合作精神 |
| 摄影后期 | 1. 参与团队短视频前期策划筹备，提供拍摄相关的创意内容。<br>2. 独立完成短视频拍摄剪辑，并针对视频特性进行剪辑包装创意 | 1. 熟练使用摄影设备，熟知短视频玩法。<br>2. 熟练掌握视频后期软件以及音频处理软件 |
| …… | | |

根据运营团队所需的人员，可以通过人才市场、招聘网站、中介、员工介绍的方式来招聘人员。通过招聘网站招聘团队成员是比较便捷的，主流的招聘网站有前程无忧（http://www.51job.com/）、智联招聘（https://zhaopin.com/）、拉勾网（https://www.lagou.com/）、BOSS直聘（https://www.zhipin.com/）等。

### 1.4.3 如何提高短视频团队效率

要产出高质量的短视频，做好短视频营销推广，离不开团队成员的协调与配合，高效的短视频运营团队是保证视频高质量产出的关键，作为团队管理者，可以参考以下方法来提升团队效率。

（1）明确团队目标

团队目标是短视频运营成员行动的方向，在团队创立后，就应该制定清晰的目标。在制定团队目标时，应该保证目标是具体、可达到且可衡量的。对于抖音短视频运营团队来说,可根据运营指标来制定目标,如短视频产出量,一周产出 5 个短视频,保证短视频日更;或是账号涨粉量,抖音账号 7 天涨粉 5000,一个月涨粉 30000。

(2)减少不必要的会议

会议不应该成为消耗团队成员时间的"工具",运营团队应减少非必要的会议,保证必要会议是高效有用的。一般情况下,团队可选择工作日每天开晨会,在晨会期间,将当天的工作安排进行梳理,让每个成员知道当天自己要完成哪些工作,如确定短视频选题、购买短视频拍摄道具等。

另外,还可对昨日的工作进行总结,分析短视频运营数据,如截至昨日,抖音短视频的播放、涨粉数据,让团队成员都能明确当前短视频的运营状态,了解要完成目标计划还要做哪些努力。

(3)划分工作优先级

在一个工作日内,团队成员要完成的任务可能会有多个,为保证工作效率最大化,在会议中,就要对工作优先级进行划分。比如今天是周一,团队成员要完成的任务有以下三个。

1. 分析上周用户反馈与互动数据,对数据表现不好的一个视频进行复盘。

2. 完成视频输出预览,保证视频在 20:00 准点发布。

3. 团队成员共同商讨下周的 5 个短视频内容选题。

针对上述三个任务,其中第二个任务应该为最优级,团队成员应首先协作完成当天要发布的视频的输出预览,保证视频能准点发布。如后期剪辑师应先进行当日短视频片头片尾的剪辑、运营人员应优先完成短视频标题的撰写工作。待最优级任务完成后,再完成其他工作任务,如商讨短视频选题、对数据不好的短视频进行复盘等。

(4)善用头脑风暴

在策划短视频的内容时,对于一些创意点子,常常需要利用头脑风暴来集思广益。进行头脑风暴的过程中，可以先让参与人员轮流发言，然后利用思维导图来将这些创意点子书写下来，最后对这些创意点子进行讨论、投票，筛选出比较好的创意，再落实执行，如图1-19所示。

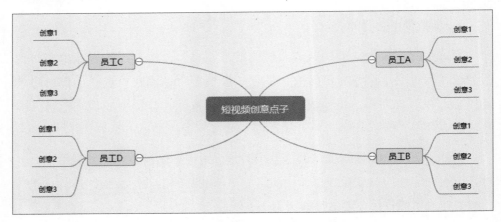

图1-19　短视频创意点子思维导图

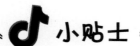

　　在参与成员发言时，最好不要打断或发出反对的声音，这样会降低效率，同时也可能导致他人不敢表达自己的想法。

# 第 2 章

# 策划抖音优质短视频内容

哪类短视频更符合抖音平台调性?什么样的短视频能被粉丝所喜欢?这些问题都需要内容策划来解决。在策划抖音平台短视频内容时,要善于借助工具来分析和规划,好的创意和精心的策划是输出优质短视频的保障。

- ▶ 知识技能类
- ▶ 美妆时尚类
- ▶ 利用节日热点做内容
- ▶ vlog旅行记录类
- ▶ 什么样的热点值得追
- ▶ 多平台找热门话题

## 2.1 抖音常见的内容方向

按内容方向来分，短视频可分为多个领域，如美食、旅游、美妆、舞蹈等。从整体上来看，与休闲娱乐、家庭生活相关的短视频在抖音平台上更受用户的青睐。

### 2.1.1 搞笑剧情类

在抖音平台上，人们观看短视频大多是为了放松娱乐，因此，搞笑剧情类短视频在抖音上深受用户喜爱，这类短视频的受众广泛，同时也是抖音短视频的内容主力。不管是普通用户，还是自媒体红人或企业机构，搞笑剧情类短视频都是其内容生产的主流方向。如图2-1所示为卡思数据抖音搞笑类和剧情类短视频周榜排行，可以看出，这些创作者的粉丝量都达到了上千万。

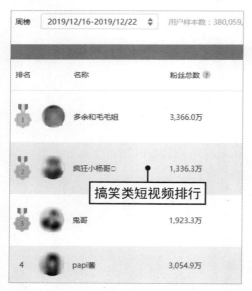 

图2-1 卡思数据抖音搞笑、剧情类短视频周榜排行

剧情类短视频主要通过冲突、反转等段子、故事来吸引观众，常常通过巧妙的镜头剪辑和对白来让剧情变得有趣，结尾则出人意料，比如"陈翔六点半"

拍摄的剧情类短视频，常常以反转式的结局来增强短视频的戏剧效果，以标题为"吃火锅吗？你带一头牛来就行"的视频为例。

剧情的开始，男主人公端了一锅白开水到电磁炉上，其妻子问道"菜呢"，紧接着该男子以吃火锅没菜的例子讲述了什么叫融资。随后他给自己的几个好朋友打了电话，告诉朋友 A 请吃火锅，差点肉；告诉朋友 B 什么都不用带，带点蔬菜就行，告诉朋友 C 拿一瓶酒就行……打完电话后，本以为这次"融资"成功了，结果一个小时后，一个朋友都没有来吃火锅。面对这种尴尬的情形，男子总结道："这是资金链断裂。"

上述案例就是典型的反转剧情类短视频，以有趣诙谐的反转形式讲述了一个"吃火锅融资"的故事，既让观众了解到了什么叫融资，又告诉了观众投资有风险，有趣的同时又富有寓意。

## 2.1.2 美食制作类

美食制作类短视频所呈现的内容与人们生活息息相关，所以这类视频是抖音平台中备受追捧的短视频类型。这类短视频主要以美食技能作为视频主题，讲述如何通过美食制作来提高生活品质或学会做一道菜，如图 2-2 所示。

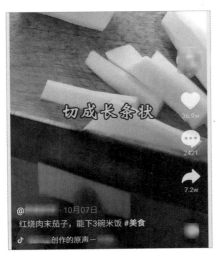

图 2-2 美食制作类短视频

美食制作类短视频的准入门槛较低，受众也具有普遍性，其视频质量的要求不如搞笑剧情类要求高。在内容的呈现上，美食制作类视频也有不同的表现形式，具体有以下几种。

◆ **美食故事类**：在烹饪美食的过程中带入一个故事片段，让美食与情感相结合，画面常常具有美感，给观众以温暖质朴的感受，如图2-3所示的美食故事类短视频。

图2-3 美食故事类短视频

◆ **美食教学类**：视频内容主要是记录美食的烹饪过程，比如家常菜、甜品、饮品以及烘焙等，在视频中通常要呈现主要食材以及成品的特点。

◆ **创意制作类**：将美食与制作方法结合在一起，让美食制作充满趣味性，比如在野外制作美食、在办公室自制美食等，如图2-4所示的美食短视频。

图2-4 创意制作类美食短视频

## 2.1.3 音乐舞蹈类

从抖音平台的用户画像可以知道，抖音的用户以年轻群体为主，而音乐舞蹈类短视频的观众以年轻的潮流爱好者为主。因此，音乐舞蹈也是抖音平台中比较常见的短视频内容。可以看到，很多音乐舞蹈都因为抖音平台火了起来，比如很多人熟悉的《小星星》《你笑起来真好看》等歌曲，《海草舞》《手势舞》等舞蹈，如图2-5所示。

图 2-5　手势舞短视频

音乐舞蹈类短视频主要以音乐推荐、舞蹈教程为主，舞蹈类短视频通过配上动感的音乐，加速或抖屏等特效，可以营造很强的视觉冲击力，在短时间内吸引到观众。

## 2.1.4 知识技能类

知识技能类短视频主要以传播知识资讯、技巧百科为主，这类短视频本身具有很强的实用性，包含的信息量比较大，可以是软件技能技巧展示，也可以是与生活有关的小知识，如图2-6所示。

图 2-6　知识百科类短视频

知识百科类短视频包含的内容方向是比较广泛的，凡是对人们来说有用的知识，都可以用短视频的形式进行呈现，比如天文物理、诗词语言、摄影绘画等。知识百科类短视频降低了人们获取知识的门槛，也让知识内容本身变得更有趣，很多知识百科类短视频创作者也成为抖音平台的"网红"以及"流量担当"。如图 2-7 所示为抖音上生活百科类短视频创作的部分热门视频数据，可以看出其点赞和评论量都很高。

图 2-7　热门知识百科类短视频数据

相较于搞笑剧情等泛娱乐类的短视频，知识技能类短视频的内容会更垂直，常常集中于一个知识领域，如专注于心理学知识、Photoshop 技巧、水彩画等。

内容的垂直使得知识技能类短视频创作者在涨粉和粉丝黏性上都有一定的优势，曾有创作者在 30 天内轻松实现涨粉上百万。如图 2-8 所示为抖音平台一位知识技巧类短视频创作者的涨粉数据，可以看出其粉丝总量近 90 天增长了两百多万。

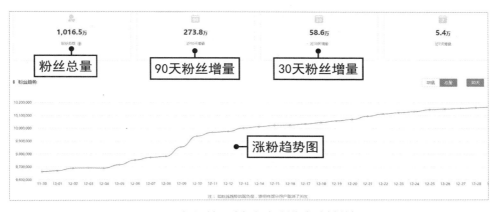

图 2-8　知识技巧类短视频创作者涨粉数据

### 2.1.5　vlog 旅行记录类

旅游类短视频以旅行攻略、vlog 记录、美景赏析等内容为主，这 3 类旅游类短视频具有以下不同的特点。

- ◆ **旅行攻略**：以短视频的形式来提供出行参考和目的地攻略，这类短视频可以帮助受众解决旅行途中的一些困扰，比如适合穷游的城市、不能错过的旅行好物、如何抢低价票等，如图 2-9（左图）所示。
- ◆ **vlog 记录**：以记录达人的旅行生活为主，通常会真人出镜，讲述视频达人在旅行过程中去了什么地方、玩了什么、吃了什么，这种短视频有点类似于日志。
- ◆ **美景赏析**：以呈现旅游地的美景为主，这类短视频的拍摄门槛相对较低，也是抖音普通用户拍摄得比较多的一种旅游类短视频，如图2-9（右图）所示。

图 2-9　旅游类短视频

随着旅游类短视频的传播，"旅游+短视频"的模式也催生了很多网红城市、热门景点。如图2-10所示为2018"抖音之城"排行榜和热门景区Top10。

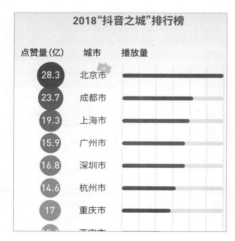 

图 2-10　2018"抖音之城"排行榜和热门景区 Top10

## 2.1.6 美妆时尚类

美妆时尚类短视频主要以化妆、护肤、美容、穿搭等为内容，这类视频在抖音的火热度很高，同时也拥有强大的带货能力，主要分为直接种草、产品评测、美妆教程、逆袭剧情四大类型。

- **直接种草**：通常在视频中直接介绍要推荐的产品，展示护肤品、服装等产品的使用方法、外观、效果等。
- **产品评测**：以单品或多品评测的方式来介绍产品，在视频中对比产品的优缺点，为消费者选择产品提供参考，如图2-11（左图）所示。
- **美妆教程**：内容主要为化妆、穿搭等知识技巧，比如5分钟画好眼影、3个简单颜色搭配，如图2-11（右图）所示。
- **逆袭剧情**：将搞笑剧情与美妆产品相结合，故事开始前通常会出现一位因素颜、皮肤差而被嘲笑的人物，结尾时，该人物则会以姣美的妆容出现，通过化妆前后所呈现出来的对比来营造反差或反转，所以常被称为"逆袭剧"。

图2-11 美妆时尚类短视频

### 2.1.7 二次元动画类

抖音上比较知名的二次元动画类短视频常常有一个独特的二次元角色，比如大家熟知的一禅小和尚、萌芽熊就是典型代表，这类短视频具有 IP 化特征。还有一种二次元动画类短视频是围绕二次元来展开的短视频，比如以 MG 动画形式进行知识科普的短视频。如图 2-12 所示为两种二次元动画类短视频。

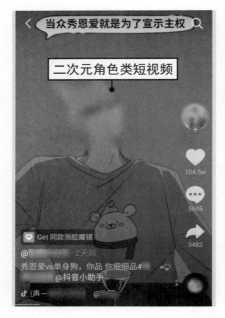
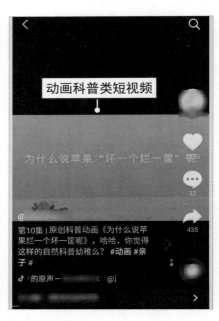

图 2-12　两种二次元动画类短视频

## 2.2 如何根据热点做选题

对很多刚接触抖音短视频的运营者来说，如何选择合适的选题是其面临的主要困扰。在选题策划过程中，根据热点来做选题是选题策划的常用方法。"借势热点"常常可以帮助短视频获得更好的播放量和互动量，这是因为热点常常也是大多数观众所关注的焦点。

## 2.2.1 什么样的热点值得追

热点通常具有高流量、高影响力的特点,按照热点的发生时间,可以将热点分为突发性热点和可预测性热点,两者的含义如下。

- **突发性热点**:突发性热点具有突然性、随机性,比较常见的突发性热点是时事新闻、社会事件、娱乐八卦等。突发性热点可能是正面的,也可能是负面的,其热度的爆发力很强,但"保质期"常常较短。
- **可预测性热点**:可预测性热点常常与节日、活动等相关,比如七夕节、端午节、冬至、双十一、年会、新品发布会等,因为时间上具有确定性,所以是可预测的。

根据热点来做选题,首先要明确哪些热点可以追,哪些热点不能追。一般来说,如表 2-1 所示的热点要谨慎追。

表 2-1 需要谨慎追的热点

| 热 点 | 概 述 |
| --- | --- |
| 与时政有关的 | 除政府机构、媒体外,与时政有关的热点最好不要追,这类热点通常比较敏感,即使是正面的热点也可能因涉及敏感话题,导致视频不能通过审核。如果言论发表不当则很可能带来负面影响,严重的还可能导致账号被封 |
| 低俗、负面的 | 短视频内容应以传递正能量为主,因此低俗、负面的热点最好不要追。另外,追这样的热点也可能导致账户 ID 被打上"低俗""廉价"的标签,这对账号的发展是不利的 |
| 与历史人物有关的 | 与历史人物有关的热点要谨慎追,在创作时,要注意尺度,应以积极正面的角度来创作,特别是英雄人物、革命先烈等 |
| 暂无法求证或不确定的 | 暂无法求证或不确定的热点也要谨慎追,在该热点事件的真实性还没有得到确认时,最好不要在短视频中发表与该热点有关的言论,我们策划的短视频内容都应该是可信的,不能是谣言 |

明确了哪些热点不能追后,在选择热点时,还要看热点的价值度,可根据以下标准来判断该热点是否值得追。

### （1）受众范围

在追热点时，需要了解这个热点的受众范围是否广泛，是否有足够的话题性或传播性。以"十八岁和三十岁最大的区别"和"女生的画眉靠运气"这两个热点为例，前一个热点的受众主要是十八岁至三十岁，后一个热点的受众主要是有化妆需求的女性。从热点的受众范围来看，前者的受众更广泛，也具有一定的话题性和传播性，在不考虑短视频内容定位的情况下，可优先选择"十八岁和三十岁最大的区别"这个热点。

如果我们的短视频内容定位于美妆时尚领域，那么选"女生的画眉靠运气"这个热点会更好，因为该热点与账号的目标群体相契合。所以在选择热点时，还要考虑该热点与账号的目标群体是否契合。

### （2）可持续性

热点的可持续性也会影响其价值度，一般来说，选择受时间影响较小，可持续性更强的热点会较好，这样的热点更有利于传播。

比如"2019年初计划的年末总结"和"最适合跨年发朋友圈的句子"这两个热点，相较而言，前一个热点的可持续性会比较弱，因为该热点有时间上的限制，2019年这个时间点一过，该热点的热度可能就会骤减；而"最适合跨年发朋友圈的句子"这个热点可能适合每年跨年这个时间点，在可持续性上更具有延展性。

### （3）互动性

一个热点是否能得到广泛传播与该热点是否具有互动性有关，在选热点时，要选能促使用户转发、分享的热点。

一般来说，用户会更愿意分享有趣、有用或者与自身有关的热点。比如，一位上班族针对"起床时最可怕的事"和"广东火烧云"这两个热点，前一个热点具有一定的趣味性，且与自身相关，因此这位上班族会更愿意分享"起床时最可怕的事"这个热点。

## 2.2.2 利用节日热点做内容

每到节假日，与该节日有关的内容常常会上热搜，因此节日就是一个可预测的短视频热点。在抖音上，也常常可以看到与节日有关的短视频，如图 2-13 所示为抖音"2019 年最后一天"热点话题以及相关短视频内容，可以看到，该热点的排名为 Top6，有 757.2 万的热度。

图 2-13　与节日有关的热点

与节日有关的热点通常具有很强的时效性，因此，短视频要在节日到来前或当天进行发布，才能起到蹭热点的效果。由于节日热点是可预测的，因此运营者可以根据热点日历来提前策划节日短视频，我们可以利用工具来查询节日热点，具体操作如下。

进入 5ce.com( http://www.5ce.com/ )首页，在打开的页面中单击"热点日历"后的"更多"超链接，如图 2-14 所示。

图 2-14 进入 5ce.com 首页

在打开的页面中可以按月来查询与节日有关的热点，如图 2-15 所示。

图 2-15 热点日历

### 2.2.3 多平台找热门话题

新媒体平台上的热门话题也可以成为短视频内容选题的方向，抖音平台上，很多爆款视频的选题其实都来源于新媒体平台。那么，哪些新媒体平台可以帮助运营者寻找热门话题呢？常用的有以下三个。

**（1）微博热搜**

微博是网友分享信息的社交媒体，通过新浪微博热搜榜和热门话题榜可以查看到很多热门内容。登录手机微博客户端,在"发现"页面点击"更多"热搜超链接即可查看热搜榜,切换至"话题榜"可查看话题榜单,如图2-16所示。

图 2-16　微博热搜榜和话题榜

(2)百度搜索风云榜

百度搜索风云榜(http://top.baidu.com/)是根据网民的搜索行为来进行关键词排行的榜单。在百度搜索风云榜中,可以查询到实时热点、7日关注热点以及娱乐、民生等热点,另外,还可按地域以及人群来查看热点。如图2-17所示为百度搜索风云榜首页。

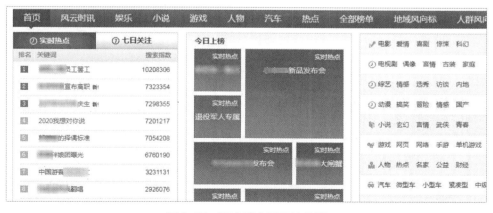

图 2-17　百度搜索风云榜首页

（3）知乎热榜

知乎（https://www.zhihu.com/）是一个问答社区，在知乎首页"热榜"页面中可以查看热门话题，另外，还可以按分类来查询热门榜单，如图2-18所示。

图2-18　知乎热榜

## 2.2.4　通过抖音热点榜找话题

在抖音短视频APP中也有热点榜单，在热点榜单中可以查看抖音热门短视频，结合抖音热点榜也可以帮助运营者找到合适的选题，下面来看看如何查看抖音热点榜。

打开抖音短视频APP，在首页点击"搜索"按钮，在打开的页面中点击"热点榜"按钮，如图2-19所示。

图2-19　进入抖音搜索页面

# 第 2 章 策划抖音优质短视频内容

进入"热点榜"页面,点击"查看完整热点榜单"超链接即可查看完整榜单,点击热点名称超链接可进入相关视频观看页面,如图 2-20 所示。

图 2-20　查看完整热点榜单

## 2.2.5　了解品牌热 DOU 榜

品牌热 DOU 榜依据抖音指数来排名,反映了品牌在抖音短视频中的热度。在品牌热 DOU 榜中,可以按品类来查看抖音上热门的品牌词排名,同时,还可以查看到该品牌的热度指数、粉丝量、热门视频等。通过查看品牌热 DOU 榜,可以帮助企业了解竞品在抖音上的运营情况,还可以通过借鉴竞品热门视频来策划短视频选题。

品牌热 DOU 榜会在每周一展示上周排名前 30 名的品牌以及数据,榜单的统计周期为上周日 00:00~ 周六 24:00,排名的影响因素主要有以下三个指标。

- ◆ **视频发布量**:统计周期内,与该品牌相关的短视频的发布数量。
- ◆ **视频播放量**:统计周期内,与该品牌相关的短视频的播放量、播放时长等数据。

- **视频互动量**：统计周期内，与该品牌相关的短视频的互动数据，包括点赞量、评论量和分享量等。

进入抖音搜索页面后，点击"更多"按钮，在打开的页面中点击"品牌热DOU榜"超链接可查看榜单，如图2-21所示。

图 2-21　查看品牌热 DOU 榜

在打开的页面中可按品类查看榜单，点击"日期"下拉按钮，在打开的列表中选择统计周期，点击"完成"按钮可查看往期榜单，如图2-22所示。

图 2-22　切换统计周期

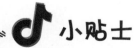

抖音指数是基于抖音海量的富媒体（一种具有动画、音频、视频，或文字、视频、音频等组合的信息传播方式）内容，依据视频的生产量、消费量和讨论量，通过大数据算法得出的传播热度数据。

## 2.2.6 建立短视频爆款内容库

抖音爆款视频也可以作为短视频选题策划的来源之一，寻找到爆款视频后，可以将合适的爆款视频收集整理起来，建立短视频爆款内容库，在进行选题策划时，就可以从内容库中寻找灵感，如表2-2所示为短视频爆款内容库。

表2-2 短视频爆款内容库

| 标题 | 来源 | 点赞数 | 评论数 | 视频热词 |
| --- | --- | --- | --- | --- |
| 春节聚会你是如何挡酒的…… | ××城 | 577000 | 11000 | 劝酒、喝酒、朋友、口才 |
| 父母是孩子最好的榜样…… | ××秒 | 232000 | 6229 | 媳妇、孩子、教育、父母、老师 |
| 天下最苦父母心…… | ××岔 | 14000 | 6017 | 父爱、父母、坚强 |
| …… | | | | |

抖音爆款视频榜单可以利用第三方数据查询工具进行查看，这里以飞瓜数据为例，具体操作如下。

进入飞瓜数据（https://dy.feigua.cn/）首页并登录，单击"排行"超链接，在打开的"工作台"页面中单击"今日热门视频"超链接，如图2-23所示。

图2-23 登录飞瓜数据

在打开的页面中可查看到今日热门视频排行榜，可根据需要切换查看日期，导出数据，如图2-24所示。

图 2-24　查看今日热门视频排行榜

返回"工作台"页面，单击"热门视频"超链接，在打开的页面中可按分类、搜索词以及点赞数等来查看抖音热门视频，如图 2-25 所示。

图 2-25　查看热门视频榜单

## 2.3 持续策划垂直优质内容

内容垂直化是短视频行业的一大趋势，在抖音平台中，垂直化的内容账号更能吸引用户关注和获得喜欢，运营者想要在抖音平台持续进行短视频推广，实现想要的营销效果，保证垂直优质内容的输出就非常关键。

## 2.3.1 为什么要让内容高垂直

垂直化内容是指账号所生产的内容属于同一领域，比如发布的短视频内容全都为历史冷知识，而不是今天发布的内容为搞笑剧情，明天又是美食菜谱。对于我们进行抖音营销推广而言，让内容高垂直有以下三点理由。

**（1）打造账号 IP**

在短视频营销推广过程中，要用一条短视频来说服一个陌生用户买单是比较困难的，但如果我们的抖音账号在该领域已经有了固定的 IP 人设，这样就可以让粉丝以及潜在客户在这个垂直领域对我们产生信任感，从而相信短视频中推广的产品或服务。

IP 人设的打造需要通过持续发布垂直的短视频内容来实现，比如美食类账号，通过在抖音持续发布美食教程并推荐美食好物，可以让账号凸显"美食博主""美食种草官"等特点，从而让用户记住自己，形成 IP 人设。

**（2）更便于策划选题**

让短视频内容垂直化可以缩小选题的方向，更便于我们做选题策划，另外，坚持拍摄一个垂直领域的短视频，还可以提高自己在该领域的专业度，让提供给粉丝的短视频更优质。

**（3）更容易实现变现**

在短视频营销变现上，垂直化内容也有一定的优势。首先，垂直内容吸引的粉丝会更精准，且黏性较高；其次，垂直内容更便于广告的植入和相关产品的推广。比如，我们的短视频方向主要为美妆领域，那么吸引的粉丝大多会是对化妆、护肤感兴趣的人群，他们对护肤品是有需求的，这时在短视频中植入护肤品广告，或者开通商品橱窗推广护肤产品，就不会让粉丝反感且转化率会较高。

## 2.3.2 优质短视频内容有哪些特点

在抖音短视频平台，优质内容是赢得用户关注、实现营销转化的立足之本，那么什么样的短视频才是优质短视频呢？总的来看，优质短视频具有以下特点。

◆ 清晰美观

不管是竖屏短视频还是横屏短视频，画质清晰、构图美观都是优质短视频的特点。镜头抖动、画面模糊的短视频会影响用户的观看体验，短视频创作者应尽量避免创作低品质的短视频。

◆ 符合平台调性

不同的短视频平台，其吸纳的视频类型以及风格都是不同的，因此优质的短视频应是符合平台调性的短视频。针对抖音平台而言，其视频风格应是轻娱乐化的，能给人带来愉悦的感官体验，内容要遵循相关法律法规以及抖音平台规则。

◆ 简单易懂

优质短视频具有短而精的特点，因为给观众观看的时长较短，所以在内容的表达上通常都是简单易懂的，视频中的文案常具有口语化特征，能让观众一听就懂。

◆ 具有可观看性

优质的短视频本身一定是具有可观看性的。在抖音上，也可以看到很多内容没有实用性，无法让用户有所收益的短视频，这样的短视频是很难得到高播放量，并吸引粉丝关注的。

◆ 有独特创意

并不是所有的优质短视频都具有独特的创意，但好的创意必然会给短视频增光添彩，而内容的创意性也是影响用户点赞、转发的关键因素之一。随着短视频同质化现象越来越明显，内容是否有创意也会成为评价一个短视频是否优质的标准之一。

# 第 2 章
## 策划抖音优质短视频内容

### 2.3.3 打造粉丝喜欢的内容

在初期进行抖音短视频内容策划时，可以根据抖音竞品短视频账号的播放数据以及用户画像来了解潜在目标用户的喜好。以美食类短视频为例，可以通过查看抖音美食类短视频达人的用户画像，以及爆款视频的选题方向和特点来帮助运营者打造出粉丝喜欢的短视频。下面以卡思数据为例，查看具体操作。

进入卡思数据（https://www.caasdata.com/）首页并登录，单击"榜单"超链接，在打开的页面中选择分类，这里选择"美食"选项，如图 2-26 所示。

图 2-26　登录卡思数据

在打开的页面中单击短视频达人名称超链接，如图 2-27 所示。

图 2-27　按分类查看短视频达人

进入"红人详情页"，在"数据分析"中可查看到该短视频达人最新视频数据表现，"🔥"标识表示视频受欢迎的程度，"🔥"越多则表示视频的点赞、评论数越高，如图 2-28 所示。

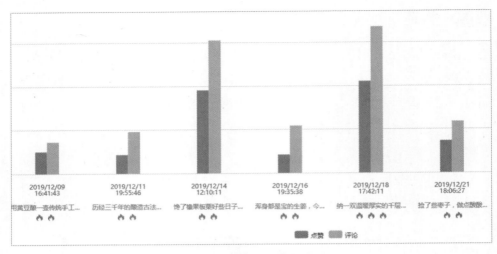

图 2-28　最新视频数据表现

单击"用户画像"超链接，在打开的页面中可以查看用户数据，包括性别分布、年龄分布等，如图 2-29 所示。

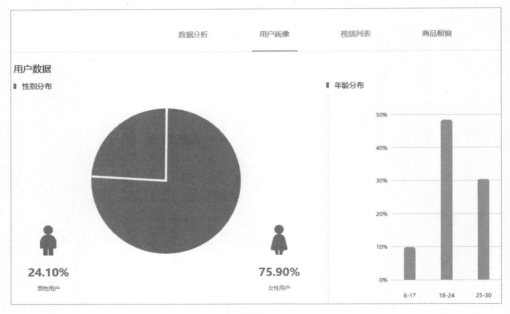

图 2-29　用户画像数据

从图2-29查询到的数据可以看出，在性别分布上，女性用户多于男性用户；年龄分布上，主要集中于18～30岁。通过这样的用户画像，可以大体推断出我们的潜在用户以年轻女性为主。

再结合该短视频达人的热门视频进行分析，可以看出该短视频达人的视频具有美食制作、田园生活、治愈、古韵的特点，由此可以找到一些潜在粉丝的喜好，他们热爱美食，向往慢节奏的田园生活方式，喜欢温暖、充满古韵、有传统文化气息的视频内容。

在具体分析时，还需要结合多个抖音竞品短视频达人的用户画像和视频特点，找出粉丝喜好上的一些共性，然后结合自身账号定位和粉丝的喜好去策划和拍摄短视频。

## 2.3.4 短视频场景脚本设计

虽然短视频只有短短的几十秒，但其镜头内容都是经过精心设计的，而每个镜头拍什么都是由脚本来设定的，可以说脚本是短视频的拍摄指南。

在撰写短视频脚本前，首先要明确短视频的拍摄主题，即拍什么？如挂钩的生活妙用、服装穿搭展示、新年搞笑剧情等。确定了拍摄主题后，就可以撰写脚本了，脚本一般由景别、画面内容、解说词、时间和配乐组成，以下是具体内容。

- **景别**：是指短视频的拍摄手法，如全景、近景、远景、特写、俯拍、仰拍等。
- **画面内容**：是指短视频的镜头内容，如两个人走进餐馆，坐下后准备点菜。
- **解说词**：是指画面内容中的台词或者字幕。
- **时间**：是指镜头画面的时长，如5秒、10秒等。
- **配乐**：是指视频中的背景音乐。

通过撰写短视频脚本，可以明确短视频拍摄的思路，提高视频的拍摄效率和质量。在撰写脚本时，可参考如表2-3所示的范例。

表 2-3　短视频脚本范例

| 镜头 | 景别 | 画面内容 | 解说词 | 时间 | 配乐 | 备注 |
| --- | --- | --- | --- | --- | --- | --- |
| 1 | 中景 | 一个孩子高兴地拿着试卷给在沙发上坐着的父亲看 | 爸爸，这是刚发下来的试卷，要家长签字 | 5s | — | |
| 2 | 中景 | 父亲接过试卷 | — | 2s | — | |
| 3 | 特写 | 展示试卷上的分数 | 不错啊，这次竟然考了 90 分 | 3s | — | |
| 4 | 中景 | 孩子不好意思地笑了笑，父亲正拿笔准备签字 | 不对啊，你这卷子上的题怎么都是错的 | 2s | — | |
| …… | | | | | | |

## 2.4 如何低成本获得好创意

创意是爆款短视频不可或缺的元素，好的创意会给短视频带来高流量和高点赞量，那么短视频创意可以从哪些途径获取呢？下面具体来看看。

### 2.4.1 从新媒体平台找各类资源

各大新媒体平台中积累了很多优质的内容资源，运营者可以对这些内容素材进行提炼和借鉴，从而找到短视频创意，以下是一些常用的平台。

（1）微信公众号

微信公众号中有很多优质的图文、视频内容，运营者可关注与自身账号内容定位相似的公众号，从他们发布的图文内容中获取短视频拍摄的灵感。比如短视频的内容方向为剧情类，那么可关注情感、职场、教育等类型的公众号。

这种类型的公众号常常会发布与生活、职场、情感有关的图文故事，从这些图文故事中可以找到很多短视频剧情灵感。

在关注公众号时，可以利用新榜（https://www.newrank.cn/）提供的分类排行榜来寻找优质公众号，如图2-30所示。

图 2-30 公众号"文化"分类排行榜

（2）TOPYS

TOPYS（https://www.topys.cn/）是创意垂直内容平台，也是很多新媒体人找创意灵感常去的网站。在该网站中，可以找到很多与文化、艺术、科技、商业等有关的创意。如图2-31所示为灵感视频页面。

图 2-31 灵感视频页面

### （3）SocialBeta

SocialBeta（https://socialbeta.com/）提供了很多移动互联网中具有创意和影响力的案例，其中也包括短视频营销案例，在这些短视频营销案例中可以找到一些灵感创意。如图 2-32 所示为视频广告案例库。

图 2-32　视频广告案例库

## 2.4.2　从日常生活中找到创意

抖音中的很多创意视频都是来源于日常生活中的桥段，作为短视频内容的策划者，要学会在日常生活中寻找灵感。来源于生活中的创意灵感往往稍纵即逝，因此要善于观察生活，养成勤于记录的好习惯。

比较好的方式是以手机笔记的形式建立创意素材库，将生活中获取到的创意想法及时记录下来，这里以有道云笔记为例。点击"有道云笔记"应用图标，在打开的页面中点击"+"按钮，如图 2-33 所示。

图 2-33　打开有道云笔记

进入笔记编辑页面,输入笔记标题,在内容编辑栏中点击"编号"按钮。输入笔记内容,点击"完成"按钮,如图2-34所示。

图2-34 建立创意素材库

有道云笔记提供了很多在线编辑样式,在编辑笔记时,可以根据需要插入图片、链接以及设置字体格式等,如图2-35所示。

 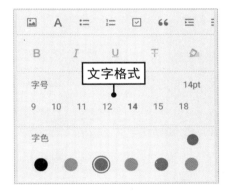

图2-35 使用编辑样式

## 2.4.3 从竞品视频中找到灵感

通过观看抖音竞品短视频也可以找到很多创作灵感,在找竞品视频时,可以利用抖音的搜索功能,通过关键词搜索的方式来快速找到合适的视频。搜索的方法是进入抖音短视频APP后,点击"搜索"按钮,在打开的页面中输入关键词进行搜索,在页面下方即可查看到搜索结果,如图2-36所示。

图 2-36　通过关键词搜索视频

在观看竞品视频时，要善于总结其拍摄思路，对于优质的竞品视频，可以将其保存下来，进行内容提炼和分析。在视频播放页面点击"分享"按钮，在弹出的下拉列表中点击"保存本地"按钮，如图 2-37 所示。

图 2-37　保存竞品短视频

分析竞品短视频的拍摄思路时，可以利用表格的方式来挖掘亮点，将视频的标题、拍摄手法、涉及的台词以及画面情节等书写下来，分析其桥段和套路，以便找到独特的创意思路，学到爆款视频的精髓，如表 2-4 所示。

表 2-4　竞品视频分析表

| 标题 | 拍摄手法 | 画面情节 | 台词 | 时间 | 来源 | 备注 |
| --- | --- | --- | --- | --- | --- | --- |
|  |  |  |  |  |  |  |
|  |  |  |  |  |  |  |
|  |  |  |  |  |  |  |

在总结分析的过程中，还要学会举一反三，比如一个视频讲述的是卖车的故事，运用举一反三的方法可以将卖车转化为卖房、卖保险等，然后融入不同的销售场景和对话，这样就可以得到新的创意思路。

### 2.4.4 新媒体爆火梗二次加工

在新媒体平台中，每天都会产生大量的"梗"，这些"梗"也可以为我们拍摄短视频提供灵感，比如"我信你个鬼""我太难了"这两个梗，就在抖音短视频中被频繁运用。这些"梗"有的来源于影视作品，有的来源于社交平台或者网络热词。在5ce.com网站上，可以查询到很多网络新词热梗。

在5ce.com官网首页单击"网络新词热梗"栏中的"更多"超链接，在打开的页面中即可查看到网络新词热梗，如图2-38所示。

图2-38 查看网络新词热梗

对于网络新词热梗，我们要了解其含义和事件出处，这样才能将其灵活地运用到短视频中。在图2-38（右）中单击相关关键词超链接即可查看该网络新词的含义以及出处。如图2-39所示为"自杀式单身"的含义。

图 2-39 自杀式单身的含义

明确了网络热词的含义以及出处后，就可以围绕这个"梗"来创作短视频。比如针对"自杀式单身"这个网络流行语，可以拍摄一个 90 后，每天都忙着追剧、撸猫、刷短视频等，从不主动参加朋友聚会，只想着"转角遇到爱"，结果一直单身的故事。

新媒体中产生的网络热词梗，有的梗是比较新的，有的会比较陈旧，对于新出现的梗要多拍，因为这样的梗热度较高，也能引起网友的共鸣。对于比较陈旧的梗可以换个套路进行拍摄，因为这样的梗翻拍的短视频已有很多，如果还是按相同的套路来进行拍摄，会让观众产生视觉疲劳。

# 抖音短视频录制前期准备

第3章

要完成抖音短视频的拍摄,以及剪辑输出,需要短视频运营团队做好一系列的准备工作,包括摄影设备的准备、场景的布置以及素材的下载等。本章就一起来看看如何做好抖音短视频录制前的准备工作。

- ▶ 摄影工具的准备
- ▶ 拍摄道具的采购和存放
- ▶ 场景布置的三大原则
  ……
- ▶ 灯光设备的准备
- ▶ 拍摄视频常用的录音设备
- ▶ 视频素材常用网站

## 3.1 准备拍摄所需设备

拍摄所需的器材是录制抖音短视频不可缺少的工具，根据预算、拍摄题材的不同，所需准备的拍摄器材也会有所不同。

### 3.1.1 摄影工具的准备

在选择抖音短视频的拍摄工具时，可以根据预算和专业度来选择，在预算有限、对视频的专业度要求不是特别高的情况下，可以选择手机作为摄影器材。在选择手机作为摄影器材时，最好选择有防抖功能的手机，因为在一定程度上，防抖功能可以保证不借助外部设备跟拍运动场景时，也能有稳定流畅的视频效果，如图3-1所示为不同品牌手机的防抖功能介绍。

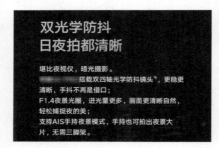

图3-1　不同品牌手机防抖功能介绍

对画质有要求的情况下，可以选择微单或单反相机作为摄影器材，相机的价格有高有低，具体可根据预算来选择，预算不足的情况下可选择入门级相机。挑选相机时尽量买新不买旧，选择视频功能强大的。因为新品的功能会更多，性能会更强，很多老款相机在摄像功能上表现不是很出众。

如果短视频的拍摄题材主要是风光摄影类的大场景，那么会常常用到航拍无人机，航拍无人机可以拍出不同视角的风景大片。对于新手来说，在选择无人机时首先应考虑无人机的安全性、航拍和图传的稳定性，如图3-2所示为某无人机的安全性和航拍稳定性介绍。

# 第 3 章
## 抖音短视频录制前期准备

图 3-2 无人机安全性和航拍稳定性介绍

### 3.1.2 灯光设备的准备

在拍摄短视频的过程中，有时会因为光线的影响，导致拍摄出来的视频画面不佳，这时就需要灯光设备来补光。

补光时通常会用到主光、辅助光，主光是拍摄场景中的主要光源，用来照亮被拍摄物体，一般用柔光箱来作为主光。辅助光的可替代设备较多，可以使用柔光箱来作为辅助光，但亮度要比主光小，也可以用 LED 灯、手机等来作为辅助光。

补光时，比较常用的方法是三灯光补光法，即用一盏主灯、两盏辅灯进行补光，如图 3-3 所示。

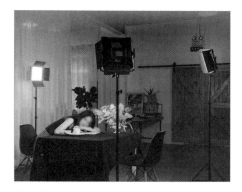

图 3-3 三灯光补光法

在具体拍摄短视频的过程中，三灯光补光法也有多种补光手法，常用的几种补光手法如图 3-4 所示。

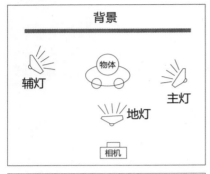

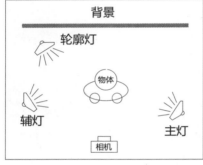

图 3-4　常用的三灯光补光手法

对于人物解说式的短视频拍摄而言，比较常用的灯光设备是美颜补光灯，用于对人物进行打光，以更好地展现人物的妆容，如图 3-5 所示。

图 3-5　美颜补光灯

### 3.1.3 拍摄道具的采购和存放

在短视频的拍摄过程中还会用到各种道具，比如在美食短视频拍摄中需要用到背景布、食材、摆件等。

在采购道具时，可根据紧急度来选择购买渠道，对于拍摄当天就需要使用的道具，可选择在线下商超或线上即时达的电商平台购买。对于需求不太紧急的道具，可在电商平台多家对比后购买。

一般情况下，道具需要提前采购，对于一些不能存放的道具，则要合理选择采购时间，如蔬菜水果类的道具就最好当天购买，以避免存放时间过久导致食材不新鲜而影响拍摄效果。

购买回来的道具要妥善存放，如放在储物柜中，以避免损坏或丢失。存放时可按类型或使用频率来，如将美食短视频所需的道具按类型分为农产品干货、摆拍装饰、美食菜品、餐具等。如果按使用频率来分可分为常用道具、一次性道具、不常用道具等。

### 3.1.4 拍摄视频常用的录音设备

当短视频中需要有人物解说、对白时，录音设备就是必要的收音工具。大多数情况下，可以选择摄影设备自带的麦克风来录制声音，但如果环境较嘈杂，就可能导致无法清晰地录制人声。这种情况下，就需要专门的录音设备，比较常用的有以下几种。

◆ 耳机

在对音质要求不是特别高的情况下，可以使用耳机作为录音设备。使用耳机来录制音频要选择安静的环境，尽量保证没有环境音的影响，否则录制出来的音效可能效果不佳。

◆ 指向性麦克风

指向性麦克风是指带有特定指向话筒的麦克风，它可以捕捉到我们需要的目标声源，是比较好的视频声音录制设备。指向性麦克风有不同的指向性，包括心形指向、超心形指向、全向形指向等，商家在销售指向性麦克风时，通常都会表明麦克风的指向性，买家可根据需要选择，如图3-6所示为不同品牌麦克风的指向性说明。

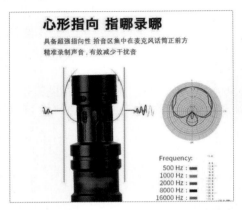 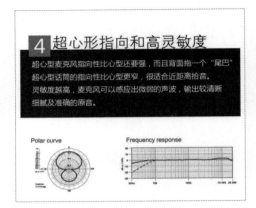

图3-6　不同品牌麦克风的指向性说明

◆ 小蜜蜂

小蜜蜂是一种无线的麦克风，优点是体积小、便于携带，在拍摄搞笑剧情类、vlog旅行类等需要持续解说的短视频时用得比较多。在选购小蜜蜂时，要了解其兼容性、续航能力以及收音效果等，因为小蜜蜂是使用电池续航的，如果电池续航能力较差，可能会影响视频的录制，如图3-7所示为某品牌小蜜蜂的兼容性和蓄电能力。

 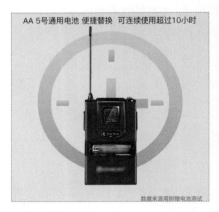

图3-7　某品牌小蜜蜂的兼容性和蓄电能力

# 第 3 章
## 抖音短视频录制前期准备

### 3.1.5 短视频拍摄常用辅助器材

除了必要的摄影设备、灯光设备以及录音设备外，在短视频拍摄过程还需要一些辅助设备来帮助完成视频录制，以下是常用的辅助设备。

（1）三脚架

三脚架的稳定性可以帮助拍摄一些特殊的镜头，比如延时风光、运动镜头抓拍等，不管是在室内还是在室外拍摄短视频，三脚架都是很常用的辅助设备。在选购三脚架时主要需考虑其稳定性，如果经常在户外拍摄短视频，那么还需考虑其便携性。

一般来说，碳纤维材质的三脚架便携稳定，但价格较贵；铝合金材质的相对而言较重，稳定性较高，价格也相对便宜些；钢制的三脚架稳定性高，但最为沉重，价格会比前两者低，更适合在不需要携带外出的拍摄场景使用，如图 3-8 所示为不同品牌三脚架的产品参数。

 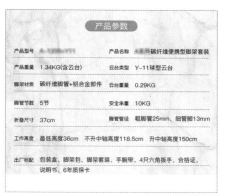

图 3-8　不同品牌三脚架产品参数

（2）滑轨

在拍摄移动镜头时，滑轨是保证镜头不抖动的常用工具。滑轨有长有短，通常会配合三脚架来使用，先将滑轨安装在三脚架上，然后将摄影器材安装在滑轨上，再通过前后、竖直推移等来进行拍摄，如图 3-9 所示为常见的滑轨。

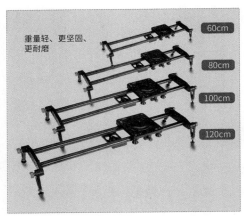 

图 3-9　常见滑轨

（3）稳定器

在拍摄短视频的过程中，常常需要使用稳定器来降低拍摄过程中的抖动，以保证得到清晰的画面。不同的稳定器其适用机型和承重是不同的，因此需要根据摄影器材来选择稳定器，可以通过不同品牌稳定器的规格来查看稳定器的适用机型和承重，如图 3-10 所示。

图 3-10　不同品牌稳定器的规格

## 3.2 提高画面质量的布景准备

为了得到想要的画面效果，在拍摄短视频时常常需要对拍摄场景进行布置，好的布景将会提升短视频的感染力，凸显视频美感。

### 3.2.1 短视频布景的意义

布景对于短视频的拍摄和后期的营销推广都具有重要的作用，总的来看，有以下几方面意义。

◆ 提高画面质量

杂乱的背景、不和谐的色彩会影响受众的观看体验，通过布景可以让背景变得简洁美观，突出要表达的主体，从而提高画面质量。以美食类短视频为例，通过主菜和道具的布景可以让食物看起来更诱人，如图3-11所示。

图 3-11　美食短视频布景

◆ 交代背景

在短视频中，布景具有交代故事背景、塑造人物形象、烘托气氛的作用。

比如一本书、一张桌子、一杯茶的场景布置，就很容易让观众联想到舒适、悠闲的下午茶时光；再比如餐桌上放着玫瑰花，点着蜡烛，摆放着酒杯和美食，就很容易烘托出浪漫的气氛。

◆ 打造短视频账号形象

在短视频录制过程中，如果让拍摄场景形成统一风格，会给消费者留下既定的风格印象，从而让观众记住账号形象。比如人物解说类的短视频，室内背景为绿植、花卉等，一眼就可以让人知道该账号的定位是园艺师，如图3-12所示。

图3-12　以绿植花卉来布景

## 3.2.2 场景布置的三大原则

根据短视频内容的不同，拍摄场景的布置也会不同，把握布景原则可以帮助我们搭配出好的拍摄场景，以下是具体内容。

◆ 符合视频整体风格

短视频的布景应以符合视频整体风格为原则，如视频风格是治愈温馨类的，那么，室内布景时就可以选择粉色、橙黄色等暖色系的背景或道具。

室外拍摄时，也可根据风格来选择场所，比如拍摄古装风格类的短视频，可以选择古镇、公园等作为拍摄场景；拍摄时尚舞蹈风格类的短视频，可选择商业街、广场等作为拍摄场景。

◆ 符合人物形象要求

短视频的拍摄场景可能是在室外，也可能是在室内或摄影棚内，不管是怎样的场景，在布景时，都应以符合人物形象要求的原则来布景。比如主人公是公司总裁，那么办公场景的布置就要符合总裁的形象，办公桌、电脑、沙发等设备是不能少的。

◆ 背景简洁干净

短视频中的背景越干净简洁，就越能凸显视频主体。对于解说类的短视频而言，可以使用背景布、墙面等来打造简洁的背景，如果要增加装饰物，如花架、书桌等，注意将物品摆放整齐。背景布有很多种颜色，选择时最好选择浅色系的，以便于搭配不同的场景，如图3-13所示便以浅色墙面作为背景。

图3-13　以浅色墙面作为背景

大多数情况下，室外进行场景布置花费的时间和成本会较高，因此室外拍摄短视频要尽量选择干净整洁的环境作为背景。

### 3.2.3 布景时如何搭配道具

为了提升视频画面的美感，在对拍摄场景进行布置时会使用各种道具，在搭配道具时，要选择与被拍摄物体或者视频风格相匹配物品。比如拍摄手账贴纸短视频，可选纯色的背景布作为拍摄背景，将使用到的工具作为道具；拍摄简约风格的装饰画短视频，可选择北欧风格的客厅作为拍摄背景，与装饰画颜色相契合的抱枕作为道具，如图3-14所示。

图 3-14 短视频布景与道具搭配

**小贴士**

道具的作用在于点缀，因此在拍摄短视频时不能让道具占据太多的画面空间，应将被拍摄主体放在画面的主体位置。另外，还要注意道具与拍摄环境是否搭配，比如拍摄白色鞋子短视频，选择了粉色背景布作为背景，那么就不要再选粉色的干花来作道具，可以选择绿植，以提升色彩层次感。

## 3.3 视频所需素材的准备

短视频制作过程中所用到的素材并不全是拍摄得到的，很多片头片尾素材、背景素材、配乐等都需要通过网络渠道获取，不同的素材其获取的途径会有所不同，下面就来看看如何获取短视频所需的各种素材。

### 3.3.1 视频素材常用网站

在很多视频素材网站上都可以找到短视频后期剪辑所需的素材，常用的有以下网站。

（1）包图网

包图网（https://ibaotu.com/）是优质创意内容供给平台，在包图网中可以按场景和用途来筛选视频素材，只不过很多视频素材都需要加入VIP后才能下载，如图3-15所示为视频搜索页面。

图3-15　包图网视频素材搜索页面

（2）Pexels

Pexels（https://www.pexels.com/）是一个免费的素材分享网站，其既提供了图片素材，也提供了很多视频素材。在视频素材页面可通过关键词搜索来查找所需的素材，如图3-16所示。

图 3-16　Pexels 视频搜索页面

（3）VJshi

VJshi（https://www.vjshi.com/）是视频素材供应平台，提供了模板素材、视频素材、影视素材等。VJshi 中的部分素材需要付费下载，部分素材支持免费下载，如图 3-17 所示为视频素材分类页。

图 3-17　VJshi 视频素材分类页

（4）沙沙野

沙沙野（https://www.ssyer.com/）是为设计师、摄影师提供图像分享和交易的网站。在沙沙野网站上，可以找到很多小视频和背景视频，如图 3-18 所示为臻选视频页面。

图 3-18　沙沙野臻选视频页面

除了以上网站外,爱给网(http://www.aigei.com/)、摄图网(http://699pic.com/)、傲视网(http://www.aoao365.com/)等网站中也提供了很多视频素材,创作者可根据需要选择。

### 3.3.2　将视频素材下载保存

视频素材需要下载到电脑上才能在后期剪辑中使用,下面以沙沙野网站为例,来看看如何将视频素材下载到电脑中。

进入沙沙野网站首页,单击"甄选视频"超链接,如图3-19所示。

图 3-19　进入沙沙野网站首页

在打开的页面中选择视频素材,进入视频预览页面,右击预览窗口,在弹出的快捷菜单中选择"视频另存为"命令,如图3-20所示。

图 3-20 选择视频素材

在打开的"新建下载任务"对话框中单击"浏览"按钮，在打开的"浏览文件夹"对话框中选择视频保存位置，单击"确定"按钮，如图 3-21 所示。

 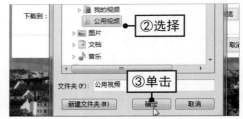

图 3-21 选择视频保存位置

在返回的页面中单击"下载"按钮，下载完成后，可在对应的文件夹中查看素材，如图 3-22 所示。

图 3-22 下载视频素材

除了可以在电脑上下载视频素材外，还可以通过手机下载视频素材。以 Pexels 网站为例，通过手机浏览器进入视频素材页，选择视频，点击 "Free

Download"按钮进行下载,如图 3-23 所示。

图 3-23 在手机上下载视频素材

### 3.3.3 抖音短视频解析下载

除了可以通过视频素材网站获取素材外,抖音也是我们获取素材的途径。对于抖音上的视频素材,如果直接下载会带有抖音水印,这将不便于我们进行素材使用和加工。这时可以通过第三方工具对抖音视频解析后进行无水印下载,以下是具体操作。

打开抖音短视频,进入要下载的视频素材播放页面,点击"分享"按钮,在打开的下拉列表中点击"复制链接"按钮,如图 3-24 所示。

 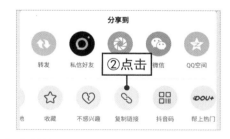

图 3-24 复制视频链接

在手机浏览器中打开抖音短视频解析下载页面(http://douyin.haiya360.com/),粘贴链接,点击"解析视频"按钮。视频解析成功后,点击"下载视频"按钮进行下载,如图 3-25 所示。

图 3-25 解析视频并下载

## 小贴士

通过手机浏览器下载得到的视频素材，如果要在电脑中进行后期剪辑，可通过数据线连接手机和电脑，然后将手机上的视频素材复制粘贴到电脑中。另外，也可以通过 QQ、微信等软件来传输素材。

### 3.3.4 图片素材去哪里找

在制作照片视频，短视频封面、片尾时，会用到一些图片素材，以下是常用的图片素材网站。

（1）Unsplash

Unsplash（https://unsplash.com/）提供了很多高质量的摄影素材，包括建筑、自然风光、动物等。进入网站首页后可以看到丰富的图片素材，在顶部菜单栏中，可按场景分类来选择素材，如图 3-26 所示为网站首页。

图 3-26 Unsplash 网站首页

（2）pngimg

pngimg（http://pngimg.com/）是一个 PNG 背景素材库，网站中提供了很多免费的 PNG 素材，可以分类查看并下载使用，如图 3-27 所示"饮料"PNG 素材页面。

图 3-27　"饮料"PNG 素材页面

（3）Hippopx

Hippopx（https://www.hippopx.com/）提供了各种高清精美的图片，所有的图片都基于 CC（知识共享）协议，可以免费使用，如图 3-28 所示为网站首页。

图 3-28　Hippopx 网站首页

### 3.3.5 建立背景音乐素材库

对于短视频所需要的背景音乐素材，主要可通过 3 种渠道获取，包括视频剪辑软件、音乐播放软件和配乐素材库。

（1）视频剪辑软件

不管是电脑端还是手机端剪辑软件，一般都提供了大量的免费音乐素材，在后期剪辑短视频时，可以根据需要进行选用，如图 3-29 所示为不同的手机视频剪辑应用提供的音效配乐素材。

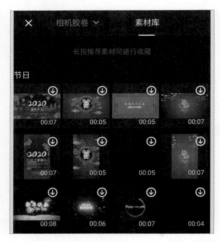

图 3-29　不同的手机视频剪辑应用的音效配乐素材库

（2）音乐播放软件

音乐播放软件是我们听音乐时常用的应用，里面涵盖了丰富的音乐资源，常见的音乐播放软件有 QQ 音乐、酷狗音乐、网易云音乐等。在音乐播放软件中搜索音乐非常方便，可通过关键词以及分类歌单来搜索。

使用这类音乐时要注意版权问题，对于有版权的音乐，如果是商业使用，那么需要商用授权后才能用到短视频中。如果是公共版权，那么是可以免费使用的。因此在下载这些音乐时，需要了解其服务条款，明确该素材是否能用在短视频中。

### （3）配乐素材库

目前，市场上还有很多提供商用音乐版权的素材网站，这些网站中提供的配乐通常都是有保障的，可根据需要选择个人授权、企业授权或无限制授权。常用的网站有 100Audio（https://100audio.com/）、曲多多（https://agm.hifiveai.com/）、VFine Music（https://www.vfinemusic.com/）等，如图 3-30 所示为 VFine Music 精选歌单页面。

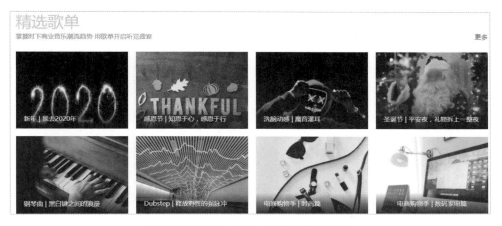

图 3-30　VFine Music 精选歌单页面

## 3.4　选择合适的摄影和剪辑软件

随着短视频越来越受欢迎，各种视频拍摄和剪辑软件也逐渐兴起，这些软件操作简单，即便不懂得太多专业的拍摄和剪辑知识，它也能帮助我们制作出令人满意的视频。那么，哪些拍摄和剪辑软件是比较好用、实用的呢？

### 3.4.1　常用的手机摄影应用

拍摄短视频，如果使用手机作为摄影设备，除了可以使用抖音 APP 自带的拍摄功能外，还可以选择其他好用的手机摄影应用，以下几款手机短视频拍摄应用是比较不错的。

（1）VUE Vlog

VUE Vlog 是一款评价很高的视频拍摄应用，其提供了实时滤镜，可以帮助创作者在拍摄视频的过程中根据场景来选择合适的色调，另外还可以自由设置画幅，包括正方形、宽幅、竖屏等。时长控制功能使拍摄者可以根据内容需要控制视频分段的长度，让视频的后期剪辑变得更简单，如图 3-31 所示为 VUE Vlog 首页和分段长度设置页面。

图 3-31　VUE Vlog 首页和分段长度设置页面

（2）录屏大师

当要制作手机屏幕影像类的短视频时，如手游解说类、手机应用攻略类等，这时就会需要使用录屏软件。录屏大师是一款能捕捉手机实时屏幕的手机应用，其界面简洁、操作简单，如图 3-32 所示为其录屏页面，用户可选择录制横屏或竖屏视频。

图 3-32　录屏大师录屏页面

### （3）小影

小影是一款好玩有趣的短视频拍摄制作软件，其提供了美颜趣拍、画中画拍摄、音乐视频等拍摄功能。使用小影拍摄短视频会自带小影 logo 水印，若要去除水印需要升级 VIP，如图 3-33 所示为小影首页和画中画视频拍摄页面。

图 3-33　小影首页和画中画视频拍摄页面

## 3.4.2　好用的手机视频剪辑软件

对于使用手机拍摄的短视频，直接用手机视频剪辑软件来进行后期剪辑是很方便的，以下是几个比较好用的手机视频剪辑软件。

### （1）剪映

剪映是抖音官方推出的一款视频剪辑工具，具有切割、倒放、画布、转场等功能。另外，还提供丰富的抖音曲库供视频剪辑者配乐使用，使用剪映剪辑并发布的抖音视频。在抖音 APP 视频播放页可以查看到"剪映 – 抖音出品"标识，如图 3-34 所示为剪映首页和抖音视频"剪映 – 抖音出品"标识。

图 3-34　剪映首页和抖音视频"剪映 - 抖音出品"标识

### （2）巧影

巧影是一款功能强大的视频剪辑软件，其提供了即时预览、多轨音频、速度控制以及混合模式等后期剪辑功能，使用巧影可以制作出具有双重曝光效果的短视频。利用巧影来剪辑短视频会带有"巧影"水印，若要去除水印需要购买专业版本，如图 3-35 所示为巧影视频剪辑页面。

图 3-35　巧影视频剪辑页面

### （3）FilmoraGo

FilmoraGo 是一款简单好用的手机视频剪辑软件，其操作界面简洁清爽，软件内置了个性主题、背景音乐以及转场特效等功能，如图 3-36 所示为 FilmoraGo 视频剪辑页面。

图 3-36　FilmoraGo 视频剪辑页面

## 3.4.3 短视频达人常用的辅助工具

除了常规的拍摄和剪辑软件外，很多短视频达人在制作短视频时还会用到后期辅助工具，以得到自己想要的视频效果，以下是常用的辅助工具。

（1）美册

美册是一款能快速制作文字视频、音乐相册的应用，抖音中的很多文字快闪、卡点类短视频就是利用该应用进行制作的。使用美册制作文字视频时，可以利用其提供的主题风格来一键制作更换背景风格，如图 3-37 所示为视频制作主页和竖字视频制作页面。

图 3-37　视频制作主页和竖字视频制作页面

（2）PHOTOMOSE

在抖音上常常可以看到故障效果的动感视频特效，而 PHOTOMOSE 就是一款能快速为图片、视频添加故障特效的在线编辑工具。进入 PHOTOMOSE（https://photomosh.com/）主页后，单击"Load File"按钮，在本地电脑中选择要添加故障特效的图片或视频。在特效添加页面，还可以将各种特效效果组合起来使用，如图 3-38 所示。

 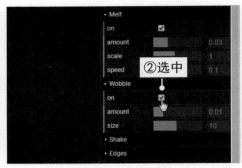

图 3-38　为视频添加故障特效

（3）飞推

飞推（原名为趣推）是一款创意视频制作应用，其优势在于提供了大量的营销视频模板，包括微商视频模板、美妆美发模板、实景广告模板等，利用这些模板可以快速制作出广告营销类短视频。只不过其内置的很多模板都需要成为 VIP 才能使用，如图 3-39 所示为应用首页和模板分类页面。

图 3-39　飞推应用首页和模板分类页面

# 玩转抖音短视频拍摄制作

第4章

随着智能手机的拍摄功能逐渐强大，以及各类摄影类APP实用性与专业性的提升，越来越多的创作者会直接使用手机来拍摄抖音短视频。在短视频拍摄过程中，要让视频更有吸引力还需要运用一些视频拍摄技巧。

- ▶ 进入拍摄界面拍摄视频
- ▶ 保存并发布短视频
- ▶ 学点摄影构图法
……
- ▶ 搜索并剪取背景音乐
- ▶ 掌握6种运镜技巧
- ▶ 打开构图线辅助构图

## 4.1 用抖音 APP 拍摄一段视频

抖音作为一款短视频应用，同时提供了视频拍摄功能，丰富的音乐库、精彩的道具效果可以帮助创作者快速制作出具有抖音风格的短视频。

### 4.1.1 进入拍摄界面拍摄视频

打开抖音 APP，在首页点击"+"按钮即可进入视频拍摄页面，在该页面中可选择拍摄模式，包括拍照、拍 60 秒、拍 15 秒和影集，如图 4-1 所示。

图 4-1　进入抖音拍摄界面

在抖音拍摄界面点击"道具"按钮，在打开的列表中可按分类选择合适的道具效果，如图 4-2 所示。

图 4-2　应用道具效果

返回拍摄页面，点击"拍摄"按钮拍摄短视频，点击"暂停"按钮可暂停拍摄，如图 4-3 所示。

图 4-3　拍摄短视频

## 4.1.2　搜索并剪取背景音乐

短视频拍摄完成后，点击"√"按钮完成拍摄，在打开的页面中点击"选配乐"按钮，如图 4-4 所示。

图 4-4　完成视频拍摄

在打开的页面中可选择推荐的配乐，这里点击"搜索"按钮可搜索更多配乐，在打开的页面中点击"播放"按钮试听配乐，如图 4-5 所示。

图 4-5　搜索与浅听配乐

点击"使用"按钮应用当前配乐,在返回的页面中点击"剪取"按钮,如图 4-6 所示。

图 4-6　应用配乐

在打开的页面中左右拖动声谱剪取音乐,完成后点击"√"按钮,在返回的页面中点击"音量"按钮,可滑动圆形滑块调整原声和配乐音量大小,如图 4-7 所示。

 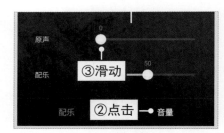

图 4-7　剪取配乐

### 4.1.3　为短视频添加文字

调整音量后轻触主屏幕返回编辑页面,点击"文字"按钮,进入文字编辑页面,选择字体颜色,在这里选择"黑色",输入文字内容,如图 4-8 所示。

图 4-8　进入文字编辑页面

在字体样式栏中选择字体样式，这里选择"颜宋"选项，点击"字符底纹"按钮为文字添加底纹，如图 4-9 所示。

图 4-9　编辑字体格式

完成字体格式设置后点击"完成"按钮，在返回的页面中点击已输入的文字内容，如图 4-10 所示。

图 4-10　完成字体格式编辑

在打开的下拉列表中选择"设置时长"选项，在打开的页面中拖动边框可调整时长，点击"√"按钮确定，如图 4-11 所示。

图 4-11　设置文字内容显示时长

## 4.1.4　选择合适的特效效果

在返回的页面中点击"特效"按钮，在打开的页面中选择位置，如图 4-12 所示。

 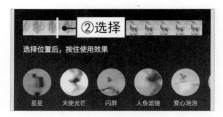

图 4-12 选择特效效果应用位置

按住要应用的滤镜效果，以使用该效果。选择要应用的其他特效效果，这里点击"转场"按钮，再次选择应用位置，如图 4-13 所示。

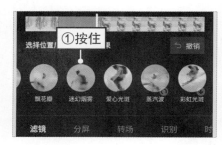 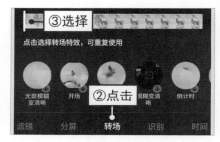

图 4-13 应用滤镜效果

选择要应用转场特效的效果，这里选择"光斑模糊变清晰"选项，完成特效的编辑后点击"保存"按钮，如图 4-14 所示。

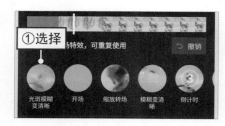 

图 4-14 完成特效编辑

## 4.1.5 保存并发布短视频

根据上述操作步骤完成抖音短视频的录制和编辑后，就可以保存并发布视频了。在视频预览页面，点击"下一步"按钮，在打开的页面中输入标题内容，如图4-15所示。

图 4-15　输入标题内容

点击"选封面"按钮，在打开的页面中滑动选择封面，如图4-16所示。

图 4-16　选择封面

点击"√"按钮确定选择，在返回的页面中点击"发布"按钮发布短视频，如图4-17所示。

图 4-17　发布抖音短视频

## 4.2　常用短视频拍摄手法

在拍摄抖音短视频的过程中，灵活运用一些拍摄手法可以在短时间内提升视频的质量，让视频更出彩。

### 4.2.1 如何保持稳定不抖动

拍摄短视频最忌抖动，画面抖动会影响视频的观看体验，那么如何才能有效防止画面抖动呢？以下是一些具体方法。

（1）借助器材

借助器材可以大大提高视频拍摄的稳定性，常用的防抖器材有三脚架和稳定器。使用三脚架时要先将三脚架固定好，以避免三脚架滑动。拍摄时还可以使用旋转云台或旋转式手机夹进行多角度拍摄，以得到更大范围的取景，如图4-18所示。

图 4-18 使用三脚架防抖动

使用稳定器时，首先要将手机或相机固定在稳定器上，然后手持稳定器进行拍摄。稳定器上通常有不同的功能按钮，包括拍摄按钮、菜单按钮等，如图4-19所示。

图 4-19 使用稳定器防抖动

## （2）开启防抖功能

对于有防抖功能的手机来说，在手持拍摄短视频时，可以开启手机自带的防抖功能，防抖功能通常可在手机相机的设置页面启用。在相机设置下拉列表中选择"防抖"选项，在打开的下拉列表中选中"开"单选按钮，如图4-20所示。

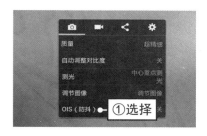 

图 4-20　启动手机防抖功能

## （3）找对拍摄姿势

选择正确的拍摄姿势也可以帮助我们拍出稳定的画面，当有支撑物时，可以将手肘靠在支撑物上以保证画面的稳定，栏杆、桌子等都可以作为支撑物。移动拍摄时，要尽量放慢脚步，保持上身笔直，通过转动腰部来改变拍摄角度，不要使用手腕或手肘来旋转摄影器材，这样很容易导致所拍画面晃动。

### 4.2.2　掌握6种运镜技巧

短视频拍摄常用的运镜技巧主要有6种，包括推镜头、拉镜头、移镜头、跟镜头、升降镜头和摇镜头。

### （1）推镜头

推镜头是指被拍摄主体不动，摄影设备逐渐向被拍摄主体推进。这种运镜手法可以拍摄出由远及近的画面效果，被拍摄主体会随着镜头的推进逐渐由小变大。当要强调某个对象时，就可以采用推镜头的运镜手法，如图4-21所示为推镜头画面效果。

 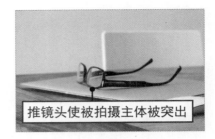

图 4-21　推镜头画面效果

在推镜头的过程中，要保持摄影设备平稳地向被拍摄物体移动，当被拍摄主体达到一定的突出效果后，就可以停止推进了，如图 4-22 所示为推镜头运镜方法。

图 4-22　推镜头运镜方法

（2）拉镜头

拉镜头是与推镜头相反的一种运镜手法，即摄影设备逐渐拉开与被拍摄主体的距离，被拍摄主体会随着镜头的拉远逐渐由大变小，镜头中容纳的画面内容也会越来越多，如图 4-23 所示为拉镜头画面效果。

图 4-23　拉镜头画面效果

拉镜头常用于表现从局部到整体的画面效果，强调画面所处的背景，如图 4-24 所示为拉镜头运镜方法。

图 4-24　拉镜头运镜方法

（3）移镜头

移镜头是指镜头沿水平面做移动拍摄，这种运镜手法可以开拓画面视野，表现出场景的开阔，如图 4-25 所示为移镜头画面效果。

图 4-25　移镜头画面效果

在拍摄多景别画面时移镜头运用得较多，如图 4-26 所示为移镜头运镜方法。

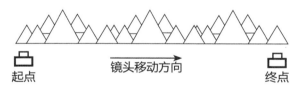

图 4-26　移镜头运镜方法

（4）跟镜头

跟镜头是指摄影设备跟随被拍摄主体进行移动拍摄，这种运镜手法可以表现被拍摄主体的运动轨迹，如图 4-27 所示为跟镜头运镜方法。

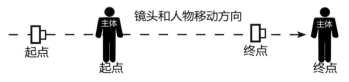

图 4-27　跟镜头运镜方法

（5）升降镜头

升降镜头是指让镜头向上或向下运动拍摄，这种运镜手法能带来很强的视觉冲击力，常用于拍摄大场景，如航拍建筑、风景等。升降镜头的升降方向可以是垂直的，也可以是斜向或不规则方向，如图4-28所示为升降镜头运镜方法。

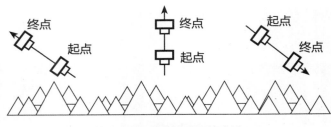

图4-28 升降镜头运镜方法

（6）摇镜头

摇镜头是指摄影设备机位保持不动，通过镜头的摇动来进行拍摄，类似于人们转动头部环顾四周的效果。摇镜头可以呈现被拍摄主体不同角度的特征，常用于拍摄产品视频、宣传片等，如图4-29所示为摇镜头运镜方法。

图4-29 摇镜头运镜方法

### 4.2.3 如何瞬间切换场景

在抖音中可以看到很多瞬间切换场景或服装的短视频，这类短视频大多采用的是分段拍摄的手法，即采用拍一段视频→暂停→拍一段视频→暂停→拍一段视频→完成拍摄的方法。

在拍摄这类视频时,两个场景之间的转换是很重要的,和谐的过渡才能让视频观看起来自然,以下是常用的场景转换方法。

◆ 遮挡转场

遮挡转场是指在上一个镜头快结束时用手、卡纸或者其他物体来遮挡住镜头,按暂停键,然后将下一个画面移动到镜头中,继续进行拍摄。这种转场方法上下两个镜头的被拍摄主体可以是相同的,也可以是不同的,在变妆、换装的短视频中比较常见。

◆ 相似动作转场

相似动作转场是指让两个镜头中人物的动作保持一致,实现镜头的承接转场,比如拍摄了一段人物站着然后坐在沙发上的视频,接着按暂停键,换一套服装后,再拍摄一段人物坐在沙发上然后站起来的视频,将两段视频衔接起来,就可以得到常见的换装短视频。

◆ 视角转场

视角转场是指上一个镜头是主体在观看景物的画面,暂停后,下一个镜头切换为该主体所观看的景物,比如拍摄一组人物站在桥上看风景的镜头,然后按暂停键,将镜头转换为拍摄风景画面。这种转场效果既能体现被拍摄主体,也能使画面节奏紧凑。

◆ 特写转场

特写转场是指不考虑上一个镜头的画面内容,暂停以后下一个镜头都以特写的画面出境,这种转场方法可以起到突出的作用,比如拍摄一组人物在办公的镜头,暂停后,下一个镜头拍摄办公桌上冒着热气的咖啡。

## 4.2.4 延时拍摄呈现流动效果

延时拍摄是拍摄车流、星轨、日出日落等风景类视频常用的拍摄方法,通过将时间压缩,得到平时用肉眼无法察觉到的景象。拍摄延时类短视频可以借助手机或摄影 APP 提供的延时摄影功能,同时还需使用三脚架,以保证画面的稳定，下面以使用手机自带的延时摄影功能为例，来看看如何进行拍摄。

打开手机相机，找到延时摄影功能，点击"延时摄影"按钮，在返回的拍摄页面点击"拍摄"按钮进行拍摄即可，如图4-30所示。

图4-30 使用延时摄影功能

除了固定机位拍摄延时类短视频外，还可以采用移动延时摄影方法来拍摄短视频。移动机位时可以采用左右移动、上下移动、环绕等运动方向。比如以移动延时摄影方法来拍摄车流中的古建筑，首先将相机的镜头对准建筑物，然后围绕建筑每移动一步就拍摄一张照片，同时保证相机处于同一水平位置，直到围绕着建筑物拍摄完所有照片，最后通过后期剪辑将这些照片衔接起来。这样就可以拍摄出建筑物不动，但车流、人群在移动的短视频。

在拍摄移动延时摄影类短视频时，最好提前规划好移动的大致路线，在脑海里有一个成像的大致构思。另外，要选择有一定动态变化的场景，这样拍出来的短视频才会有可观看性。

## 4.3 提升镜头美感的技巧

人们都喜欢美的东西，在观看短视频时也不例外，具有美感的短视频画面会大大提高观众对该短视频的喜爱程度。作为短视频的内容创作者，可以通过运用一些拍摄技巧，达到在短时间内提高短视频画面美感的目的。

## 4.3.1 学点摄影构图法

具有美感的短视频并不是随意拍摄出来的,优秀的构图能传递短视频的主题内容,使观看者的视线被镜头所引导。短视频的构图方法有多种,以下几种是比较常用的构图方法。

(1)中心构图法

中心构图法是指将被拍摄主体放在画面的中心位置,这种构图方式在短视频中用得较多,拍摄人物解说类、萌宠类、美食类短视频都可以用这种构图方法,能够起到强调聚焦被拍摄主体的作用,如图4-31所示。

图4-31 中心构图法

(2)九宫格构图法

九宫格构图法是指将被拍摄主体放在九宫格的4个交叉点上,这4个交叉点也常被称为黄金交叉点,如图4-32所示。

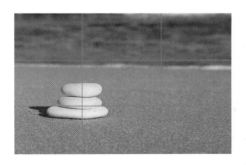 

图4-32 中心构图法

与九宫格相辅相成的构图方法还有三分线构图法,三分线构图法是指将画面中的重要线条放在两条三分线上,这种构图方法在风光类延时摄影短视频中很常见,如图4-33所示。

图4-33 三分线构图法

(3)引导线构图法

引导线构图法是指通过具有视线引导力的一组或多组线条来构图,引导线具有汇聚中心点的作用,平直延伸的道路、桥梁、树木等都是常见的引导线,如图4-34所示。

图4-34 引导线构图法

## 4.3.2 打开构图线辅助构图

很多智能手机的相机功能中都提供了辅助构图线,在拍摄短视频前,可以先打开构图线,进行短视频的拍摄预览。在找到合适的拍摄角度和机位后,再进行短视频的正式拍摄，如何打开辅助构图线，具体操作如下。

打开手机相机，在拍摄页面点击"设置"按钮，进入设置页面后点击"网格线"按钮，如图4-35所示。

图4-35 设置构图线

返回照片拍摄页面，切换至"视频"拍摄页面，可以看到九宫格辅助构图线，如图4-36所示。

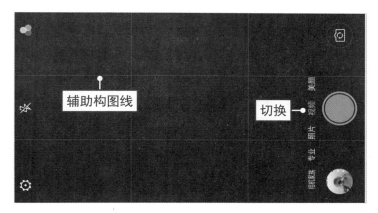

图4-36 九宫格辅助构图线

## 4.3.3 适当用前景做装饰

在画面中，前景是指主体之前的景物，当画面比较单调或者要实现虚实对比时，就可以利用前景来营造景深感。比如拍摄砂岩风景短视频时，可以将靠近摄影设备前的岩石作为前景，构建一个框架，然后逐渐推镜头，慢慢展现砂岩全貌，如图4-37所示。

图 4-37　用岩石作为前景

当前景虚化时，可以给画面营造出一种朦胧感，同时也不会对主体造成干扰，如图 4-38 所示。

图 4-38　用岩石作为前景

## 4.3.4　选好角度营造不同视觉效果

不同的拍摄角度会对画面所要呈现的视觉效果产生影响，以美食摄影为例，拍摄角度不同，给人的视觉感受也会不同，如图 4-39 所示。

图 4-39　不同角度呈现美食

平摄、仰摄和俯摄是短视频拍摄中的常用角度，以下是这3种角度的拍摄方法。

- **平摄**：是指摄影设备与被拍摄主体处于同一水平位置，这种拍摄角度能营造一种平衡感，符合人的视觉习惯，在短视频中呈现人物对话时就常使用这种角度。
- **仰摄**：是指摄影设备以低于被拍摄主体的角度进行拍摄，这种拍摄角度能强化被拍摄主体，常用于拍摄高大的景物，如建筑、山脉、天空等。另外，通过仰摄角度拍摄人物可以营造出一种高大形象。
- **俯摄**：是指摄影设备以高于被拍摄主体的角度进行拍摄，这种拍摄角度可以给人以宽广的感受。在短视频中，俯摄既可以用于呈现大场景，交代故事环境，也可以用于展现物体的外观细节。

在短视频拍摄过程中有时会多角度运用，以表现不同的景物特征，如图4-40所示为标题为"想吃酸菜鱼火锅？先干了这盆鱼"抖音短视频的部分片段，可以看出其运用了多种拍摄角度。

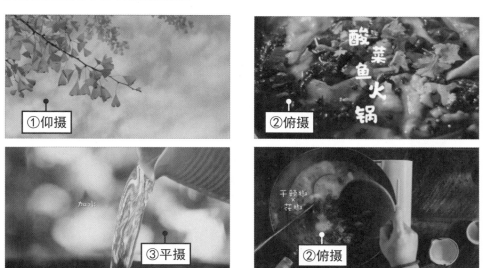

图4-40　多拍摄角度运用

## 4.4 巧妙植入营销信息

对企业、品牌商来说，在短视频中植入广告信息，是进行营销推广的重要方式。在短视频中，如果广告植入太多、太生硬，势必会引起粉丝的反感，因此如何巧妙地将广告信息植入视频中就很重要了。

### 4.4.1 使用产品时进行种草

在抖音上，种草类短视频主要会以开箱、试用、评测的形式来进行商品推荐，在这类短视频中植入广告信息会比较简单，可通过边演示使用产品边讲解的方式来植入广告信息。

在解说时，要以个人真实体验出发，客观地阐述产品的特质以及优缺点，再配合适当的产品特写镜头的展示，这样更容易刺激观众的购买欲望，如图4-41所示。

 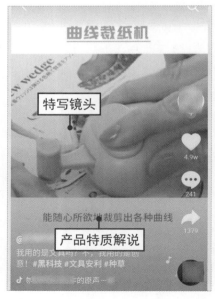

图4-41 使用产品时以解说方式植入广告

## 4.4.2 将产品以道具方式呈现

以道具的形式来进行品牌的宣传，是搞笑剧情类短视频常用的广告植入方式。产品道具通常会放在主要人物的旁边，以让观看者能够注意到。必要时，可以让剧中人物说出产品优势，或者给产品一个特写，如图4-42所示。

图 4-42 以道具形式植入广告信息

通过道具形式在短视频中植入广告信息，道具通常要融入具体的使用场景中，这样可以让品牌自然露出，同时也可以凸显产品所具有的功能特性，如图 4-43 所示。

图 4-43 让产品道具融入使用场景中

## 4.4.3 台词植入广告信息

台词植入是指让剧中人物以台词的形式将品牌或产品信息说出来。在使用台词形式植入广告信息时,要将台词与短视频内容紧密结合起来,这样才不会让观众觉得生硬,品牌信息的呈现也会更舒服自然,如图4-44所示。

图 4-44 以台词形式植入广告信息

## 4.5 不同类型视频拍摄注意事项

短视频的类型有很多,不同类型的短视频在内容呈现上也会有所区别,在拍摄时提前了解不同类型短视频的注意事项,可以避免拍摄误区,提升视频的感染力。

### 4.5.1 美食类短视频凸显食物质感

对于美食类短视频来说,凸显食物鲜艳亮丽的色泽是很重要的。新鲜干净、色泽好看的食物让观众隔着屏幕都能感受到美食所带来的诱惑力。

为了保证食物在短视频中所呈现的色泽纯正，在拍摄时需要保证曝光适度。使用手机拍摄时，可通过上下拖动"太阳"图标来调整曝光。使用相机拍摄时，可通过设置曝光补偿或调整光圈、快门速度、感光度的方式来调整曝光，如图4-45所示。

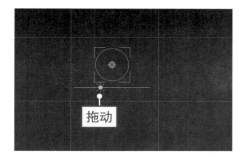 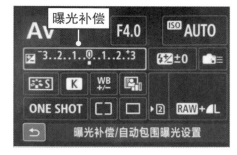

图 4-45　调整曝光度

在美食短视频中，食材形态细节以及加工过程的充分呈现是很重要的，为了保证细节的清晰展示，常常需要运用很多特写镜头，如图4-46所示。

 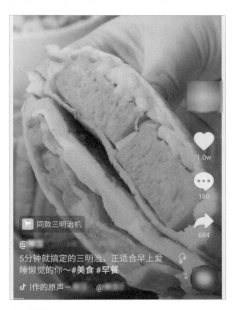

图 4-46　食物镜头细节特写展示

特写镜头需要近距离拍摄，在拍摄过程中有可能因食材大小、镜头的限制，导致拍摄出来的美食形态和纹理不清晰，这时就需要通过微距拍摄来得到满意的画面。对于部分手机而言，可开启手机的微距模式；对于相机而言，则需要准备专门的微距镜头，如图4-47所示。

图4-47　用微距拍实物特写镜头

对于部分食材来说，会受时间、温度等的影响导致食材形态发生变化，比如冰淇淋、雪糕等，在拍摄这类食材时就需要注意时间的把控，尽量在食材形态完整的状态下拍摄，以避免食材放置过久导致变形，如图4-48所示。

图4-48　冰淇淋、雪糕短视频镜头

## 4.5.2 穿搭类短视频展现整体效果

穿搭类短视频最好是真人出镜，在拍摄时要注意让被拍摄主体居中突出，以展示穿搭的整体效果，如图4-49所示。

图4-49 主体居中突出

在室内拍摄时，要注意光线问题，应避免在灯光昏暗的环境中拍摄。外景拍摄时，最好让模特多角度展示服装穿搭效果，如侧面、正面等，如图4-50所示。

图4-50 模特多角度展示服装穿搭效果

穿搭类短视频大多数时候都会使用全景进行拍摄，以展现服装上身效果，当要展示服装的材质、设计、做工等细节时就需要近景拍摄。另外，还可以同一款式多颜色、多场景来展现穿搭效果。

### 4.5.3 美妆类短视频突出对比

对于美妆类产品，消费者普遍对产品功效比较关心，因此在视频内容上要体现产品使用前后的对比，让产品更有说服力，如图4-51所示。

 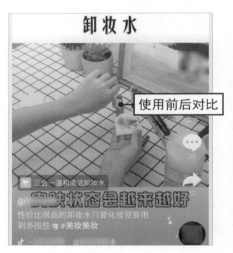

图4-51　视频内容上体现产品使用前后对比

对于人物解说+美妆产品推荐、评测或试色的短视频而言，最好以自身为实例进行产品使用演示，然后根据个人的使用心得来阐述产品优势特点。另外，还要注意美妆博主的选择，要选择能体现产品特质的博主，比如拍摄双眼皮贴产品的试用短视频，应该选择单眼皮的美妆博主，这样才能在视频中体现出产品的实际效果。

# 用手机完成视频剪辑和后期

第5章

对于使用手机拍摄的短视频,可以直接通过手机剪辑软件进行后期处理并快速发布到抖音APP中。本章将以"剪映"视频剪辑工具为例,来说明如何剪辑视频,并为视频添加滤镜、背景音乐和字幕。

- ▶ 安装并下载剪映APP
- ▶ 导入视频并剪辑分割
- ▶ 滤镜调色把控画面色彩
- ▶ 视频剪辑基础设置操作
- ▶ 导出视频分享到抖音
- ▶ 利用特效添加神秘感

## 5.1 使用抖音官方剪辑工具

剪映作为抖音官方剪辑工具具有简单好用、滤镜多样、拥有专属乐库等优势，那么，如何利用剪映快速完成抖音短视频剪辑呢？本节将介绍剪映的基本操作。

### 5.1.1 安装并下载剪映 APP

要使用剪映剪辑抖音短视频，首先需要在手机中安装剪映 APP。进入手机应用中心，在搜索框中输入"剪映"，在搜索结果中点击"安装"按钮。等到系统自动进行安装，安装完成后点击应用图标启动，如图 5-1 所示。

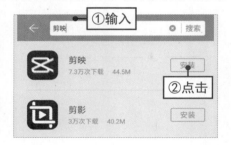 

图 5-1　安装剪映 APP

### 5.1.2 视频剪辑基础设置操作

在使用剪映剪辑短视频前，首先需要对基础设置进行操作并登录抖音账号。在剪映 APP 首页点击"设置"按钮，在打开的页面中选中"1080p"单选按钮，如图 5-2 所示。

图 5-2　进入设置页面

点击"自动添加片尾"按钮，在打开的对话框中选择"残忍关闭"选项，如图 5-3 所示。

图 5-3　关闭自动添加片尾

点击"×"按钮返回首页，点击"我的"按钮，如图 5-4 所示。

图 5-4　返回首页

在打开的页面中点击"抖音登录"按钮，进入授权页面，点击"授权并登录"按钮，如图 5-5 所示。

图 5-5　登录抖音账号

## 5.1.3　导入视频并剪辑分割

使用剪映提供的分割功能，可以快速将视频中不需要的片段剪切掉，以下是具体操作。

在剪映首页点击"开始创作"按钮,进入视频选择页面,选择要上传的视频,如图 5-6 所示。

图 5-6  选择视频

在页面底部点击"添加到项目"按钮,进入视频剪辑页面,可左右滑动以选择位置,点击"分割"按钮分割视频,如图 5-7 所示。

图 5-7  选择位置

选择已分割的视频片段,点击"删除"按钮删除不需要的片段,如图 5-8 所示。

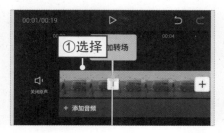

图 5-8  删除片段

### 5.1.4 导出视频分享到抖音

删除不需要的视频片段后,点击"■"按钮,在打开的页面中点击"播放"按钮预览视频,如图5-9所示。

图 5-9 预览短视频

确定视频无误后,点击"■"按钮,在返回的页面中点击"导出"按钮,如图5-10所示。

图 5-10 导出视频

等待视频导出,点击"一键分享到抖音"按钮,将视频分享到抖音平台,如图5-11所示。

图 5-11 将视频导出并分享到抖音平台

## 5.2 特效与滤镜的运用

剪映中提供了很多实用的特效和滤镜效果，通过使用这些特效效果可以让视频过渡更自然，增强视频的色彩效果。

### 5.2.1 视频快慢变速设置方法

在抖音中，常常可以看到具有快放、慢放效果的短视频，通过剪映的分割变速功能也可以实现这种效果，以下是具体操作。

进入视频选择页面，选择要变速的视频片段，这里选择 3 个视频片段，点击"添加到项目"按钮，如图 5-12 所示。

图 5-12　选择视频片段

进入视频编辑页面，选择要剪辑的视频，拖动右侧边框剪切不需要的内容，选择第二段视频片段，两手指向两侧缩放调整视频显示长度，如图 5-13 所示。

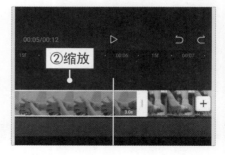

图 5-13　以拖动方式裁剪视频

# 第 5 章
## 用手机完成视频剪辑和后期

定位需要分割的位置,点击"分割"按钮,选择要删除的视频片段,点击"删除"按钮,如图 5-14 所示。

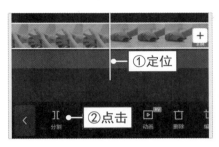 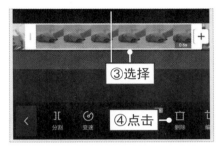

图 5-14 选择视频片段

选择要减速的视频片段,点击"变速"按钮,在打开的页面中可向左拖动圆形滑块减速视频,点击"√"按钮,如图 5-15 所示。

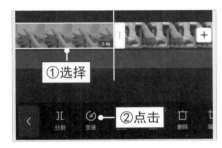 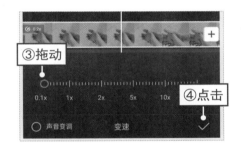

图 5-15 减速视频片段

选择要加速的视频片段,点击"变速"按钮,在打开的页面中可向右拖动圆形滑块为视频设置减速效果,点击"√"按钮,如图 5-16 所示。

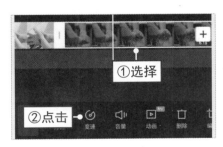 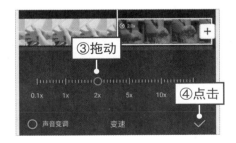

图 5-16 加速视频片段

完成以上步骤后，再预览视频，此时可以看到与原视频相比，设置减速和加速后，视频呈现变速效果。

## 5.2.2 画中画+滤镜营造背景模糊效果

画中画是抖音中比较热门的一种特效效果，当我们拍摄的视频是横屏视频时，可以使用画中画特效来制作背景模糊、视频播放清晰的效果。另外，也可以使用画中画来实现一屏中多镜头展示的效果，下面以制作背景模糊的画中画效果为例，来学习如何使用剪映的画中画功能，具体操作如下。

在视频上传页面选择一个视频，点击"添加到项目"按钮，如图5-17所示。

 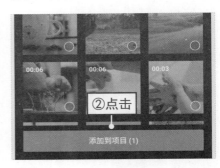

图 5-17　选择视频

在打开的页面中点击"比例"按钮，进入比例设置页面，选择"9∶16"选项，如图5-18所示。

图 5-18　设置视频比例

返回编辑页面，在预览窗口双指缩放以调整视频画面显示大小，这里将视频填充至整个屏幕，点击"返回"按钮，如图5-19所示。

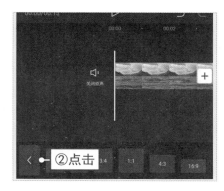

图 5-19　调整视频显示大小

在编辑页面点击"特效"按钮，进入特效选择页面，选择"模糊"特效效果，点击"√"按钮，如图 5-20 所示。

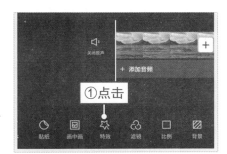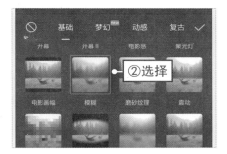

图 5-20　设置特效效果

选择模糊特效片段，拖动右侧边框，设置特效时长与视频时长等长，点击"返回"按钮，如图 5-21 所示。

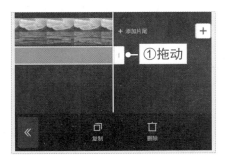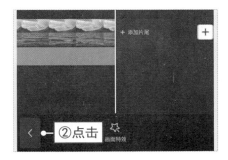

图 5-21　设置模糊特效时长

在返回的页面中点击"画中画"按钮，在打开的页面中点击"新增画中画"按钮，如图 5-22 所示。

图 5-22　使用画中画功能

进入视频素材选择页面，选择相同的素材，点击"添加到项目"按钮，如图 5-23 所示。

图 5-23　选择视频素材

在预览窗口双指缩放调整视频素材显示大小，这里让素材以横屏方式居中展示。长按第二段视频素材，拖动其与第一段视频素材对齐显示，如图 5-24 所示。

 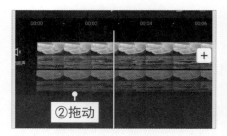

图 5-24　设置视频素材对齐显示

完成以上步骤后再导出视频即可，预览视频效果可以看到原本横屏显示的视频，会以抖音常见的竖屏效果进行展示，背景为模糊效果，如图 5-25 所示为原视频与使用画中画效果的视频对比。

图 5-25　原视频与使用画中画视频效果对比

## 5.2.3 滤镜调色把控画面色彩

对于色彩不满意的短视频，可以通过色彩调整功能或滤镜对画面进行处理，以下是具体操作。

在视频上传页面选择需要调整色彩的视频，点击"添加到项目"按钮，如图 5-26 所示。

图 5-26　选择视频

进入编辑页面,点击"调节"按钮,在打开的页面中点击"亮度"按钮,可滑动圆形滑块调整亮度,调节时长与视频长度等长,如图5-27所示。

图5-27　设置画面亮度

点击"对比度"按钮,可滑动圆形滑块调整对比度,点击"饱和度"按钮,滑动圆形滑块调整饱和度,如图5-28所示。

图5-28　调整对比度和饱和度

点击"锐化"按钮,滑动圆形滑块调整锐化,点击"高光"按钮,可滑动圆形滑块调整高光,如图5-29所示。

图5-29　调整锐化和高光

点击"色温"按钮,滑动圆形滑块调整色温,点击"√"按钮。返回调节页面,点击"返回"按钮,如图5-30所示。

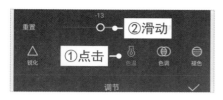 

图 5-30 调整色温

在返回的页面中点击"新增滤镜"按钮,在打开的页面中选择合适的滤镜效果,这里选择"晴空"滤镜,可滑动圆形滑块调整滤镜强度,点击"√"按钮,如图 5-31 所示。

图 5-31 应用滤镜效果

长按并拖动调整滤镜效果长度与视频长度等长,完成后点击"导出"按钮,如图 5-32 所示。

图 5-32 导出视频

如图 5-33 所示为原视频与使用滤镜调色后的视频对比,可以看出右图色彩比左图更鲜艳。

图 5-33 原视频与使用滤镜调色后的视频对比

### 5.2.4 通过转场进行视频过渡

在两段视频衔接的位置,可以为其应用转场特效,以让视频片段间的过渡更自然,下面以应用剪映"叠化"转场为例介绍相关操作。

在视频上传页面选择两段素材,点击"添加到项目"按钮,如图5-34所示。

图 5-34　选择视频

进入视频剪辑页面,点击两段视频衔接处的"转场"按钮,在打开的页面中选择一种转场效果,这里选择"叠化"选项,可滑动圆形滑块设置转场时长,点击"√"按钮,如图5-35所示。

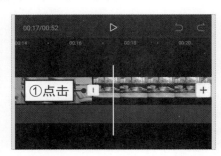

图 5-35　应用叠化转场效果

保存视频后,可以看到两段视频以叠化的方式进行切换,如图5-36所示。

图 5-36　叠化转场效果

## 5.2.5 利用特效添加神秘感

剪映 APP 中提供了很多特效效果，包括开幕、电影感、渐隐闭幕等，利用这些特效效果可以让短视频观看起来更有神秘感，下面以"开幕"特效为例讲解具体操作。

在视频上传页面选择一段素材，点击"添加到项目"按钮，如图 5-37 所示。

图 5-37　选择视频素材

在打开的页面中点击"特效"按钮，进入特效选择页面，选择"开幕"选项，点击"√"按钮，如图 5-38 所示。

图 5-38　应用开幕特效效果

预览视频效果，可以看到视频以开幕方式逐渐显现，如图 5-39 所示。

图 5-39　开幕视频效果

## 5.3 制作背景音乐和字幕

背景音乐和字幕是短视频的重要组成部分，使用剪映的音频和文本功能，可以为短视频快速添加抖音热门音乐，并配上合适的字幕。

### 5.3.1 为视频添加背景音乐

在剪映中为短视频添加背景音乐时，不能插入本地音乐，但可以添加剪映音乐库、抖音账号收藏的音乐或从本地视频中提取音乐，以下是具体操作。

打开剪映，在视频上传页面选择一段素材，点击"添加到项目"按钮，如图5-40所示。

图 5-40　选择视频素材

进入视频编辑页面点击"添加音频"按钮，在打开的页面中点击"音乐"按钮，如图5-41所示。

图 5-41　进入音频添加页面

进入音乐库，选择合适的背景音乐，点击"使用"按钮。在返回的页面中选择已添加的音乐，定位分割点，点击"分割"按钮，如图5-42所示。

# 第 5 章
## 用手机完成视频剪辑和后期

 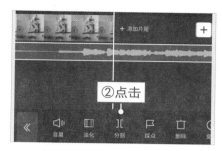

图 5-42　添加音乐

选择不需要的音乐片段，点击"删除"按钮，点击"导出"按钮导出视频，如图 5-43 所示。

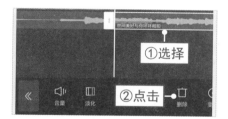 

图 5-43　导出视频

### 5.3.2　录制视频人声并改变声音效果

在剪辑短视频时，如果需要为视频配音，可以使用剪映的"录音"功能，另外，还可以根据需要改变人声，以下是具体操作。

在添加音频页面点击"录音"按钮，长按"录音"按钮录制声音，如图 5-44 所示。

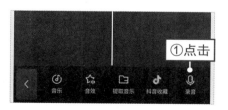 

图 5-44　录制声音

完成录制后点击"√"按钮，选择录制的声音，点击"变声"按钮，如图5-45所示。

 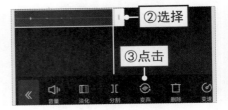

图 5-45　选择录制的声音

在打开的页面中选择声音效果，这里选择"萝莉"选项，点击"√"按钮，最后长按并拖动录制的声音到合适位置，如图5-46所示。

图 5-46　应用"萝莉"声音效果

### 5.3.3　自动识别文字为视频添加字幕

对于有配音的短视频而言，通常需要添加字幕，如果视频中的原声比较清楚，那么可使用"识别字幕"功能来为视频快速添加字幕，如何用剪映自动添加字幕，具体操作如下。

在视频选择页面选择有人声的短视频，点击"添加到项目"按钮，如图5-47所示。

图 5-47　选择视频

在编辑页面点击"文本"按钮,在打开的页面中点击"识别字幕"按钮,如图5-48所示。

 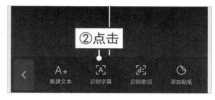

图 5-48 使用识别字幕功能

在打开的对话框中选中"同时清空已有字幕"单选按钮,点击"开始识别"按钮,自动识别字幕后点击"播放"按钮,查看是否有识别出错的内容,如图5-49所示。

图 5-49 开始识别字幕

双击识别出错的文字,在打开的页面中修改文字内容,点击"√"按钮,如图5-50所示。

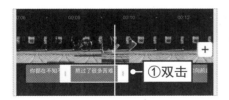 

图 5-50 修改字幕内容

### 5.3.4 为音乐添加歌词文字

如果短视频中添加的配乐是带歌词的背景音乐,可以在文本功能页面点击"识别歌词"按钮,在打开的页面中选中"同时清空已有歌词",点击"开始识别"按钮,如图5-51所示。

图 5-51　使用识别歌词功能

程序会自动进行歌词识别并添加歌词字幕，双击出错的歌词，在打开的页面中可进行内容修改，如图 5-52 所示。

图 5-52　自动添加歌词字幕

## 5.4　一键剪辑抖音同款视频

在剪映中提供了不同类型的短视频模板，包括卡点、美食、vlog、电影感等，通过套用这些模板，可以快速剪辑出具有抖音风格的短视频。

### 5.4.1　预览模板并使用

打开剪映，点击"剪同款"按钮，在打开的页面中可以查看到丰富的视频模板，这里选择"美食"选项，如图 5-53 所示。

图 5-53　查看视频模板

在"美食"分类下选择合适的视频模板,进入模板预览页面,点击"剪同款"按钮使用该模板,如图 5-54 所示。

图 5-54　使用模板

进入手机相册,选择素材。根据模板素材要求依次选择完素材后,点击"下一步"按钮,如图 5-55 所示。

图 5-55　选择素材

## 5.4.2 在线编辑裁剪素材

不同的模板需要的素材尺寸是不同的,将素材导入模板中,选择要调整的素材,点击"编辑"按钮,在打开的下拉列表中选择"裁剪"命令,如图5-56所示。

 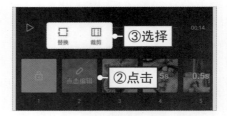

图 5-56  选择要调整的素材

在打开的页面拖动选中图片显示区域,完成后点击"确认"按钮,如图5-57所示。

 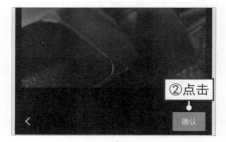

图 5-57  设置图片显示区域

按照相同的方法调整其他素材的图片显示区域,点击"导出"按钮导出视频,如图5-58所示。

图 5-58  导出视频

# 在电脑端精剪视频素材

第6章

相比手机后期剪辑软件，电脑端视频剪辑软件的功能会更强大，它能够帮助短视频创作者制作出更专业的短视频。再加上电脑屏幕比手机屏幕大，进行视频剪辑时，可以充分利用大屏优势实现更精细化的后期剪辑。

- ▶ 简单易用的会声会影
- ▶ 导入视频素材并保存项目文件
- ▶ 多重修剪视频素材片段……
- ▶ 操作简单轻松的爱剪辑
- ▶ 调整视频的区间时间
- ▶ 对画面色彩进行色彩校正

## 6.1 常用的电脑端剪辑工具

电脑端的视频剪辑软件多种多样,不同的软件有其独特的优势,在选择时可根据个人喜好、专业程度以及剪辑需求来选择。对新手来说,可先选择上手容易的剪辑软件,然后再选择更专业的软件。

### 6.1.1 简单易用的会声会影

会声会影是一款非常适合初学者的视频剪辑软件,具有操作简单、上手容易等优势。会声会影的操作界面清晰直观,不同专业程度的视频剪辑者都能很快地掌握软件基本操作,如图6-1所示为会声会影软件主界面。

图6-1 会声会影软件主界面

除了视频剪辑功能外,会声会影还提供视频和音频捕获功能,这使得游戏类、音乐类短视频创作者也可以使用会声会影制作短视频。另外,很多素材网站上会提供专门针对会声会影的素材以及模板,这为使用会声会影剪辑短视频提供了便利，如图6-2所示为某素材网站上提供的会声会影素材。

图6-2　某素材网站上的会声会影素材

## 6.1.2　支持在线视频剪辑的快剪辑

快剪辑（http://kuai.360.cn/）是一款支持在线视频剪辑的软件，用户可以在电脑上在线播放视频时，边看边录，随时剪辑下精彩瞬间，这对影视类短视频创作者来说是很实用的剪辑软件。

安装快剪辑后，使用360安全浏览器（9.1以上版本）播放视频时，在右上角可以看到工具条，单击工具条中的"边播边录"按钮即可在线录制视频，如图6-3所示。

图6-3　快剪辑的边播边录功能

安装快剪辑后，如果在视频网站播放视频时找不到录制工具条，可在360

浏览器"工具"下拉列表中选择"选项"选项，在打开的页面中单击"界面设置"选项卡，选中"在视频右上角显示工具栏"复选框，如图6-4所示。

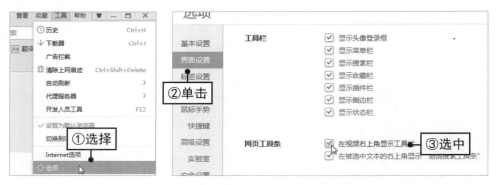

图6-4 设置视频右上角显示工具栏

除了边播边录功能外，快剪辑也提供了多种剪辑功能，包括修剪、混剪、音频调节、滤镜特效等。快剪辑的操作界面简洁直观，分为专业模式和快速模式两种剪辑模式，在剪辑时可以根据需要选择，如图6-5所示。

图6-5 快剪辑软件主界面

另外，快剪辑社区中还提供了很多特效素材、音频素材以供创作者们使用，如图 6-6 所示。

图 6-6 快剪辑社区素材库

### 6.1.3 操作简单轻松的爱剪辑

爱剪辑（http://www.aijianji.com/）是一款好用且免费的剪辑软件，具有操作简单轻松、画质清晰等优势，如图 6-7 所示。

图 6-7 爱剪辑功能优势

爱剪辑提供了丰富的剪辑功能，包括字幕特效、加贴图、去水印、画面风格设置等功能，简单的操作界面使得没有视频剪辑基础的创作者也能制作出出色的短视频，如图 6-8 所示为爱剪辑软件主界面。

图 6-8　爱剪辑软件主界面

爱剪辑提供的特效样式非常丰富，转场特效中有淡入淡出效果、卷画特效、涟漪特效、翻页特效等，字幕特效中提供了沙砾飞舞、缩放特效、动感特效等，如图 6-9 所示。

图 6-9　爱剪辑提供的特效样式

## 6.1.4　功能强大的 premiere

premiere 是 Adobe 公司推出的一款视频剪辑软件，也是很多专业视频剪辑师常用的软件。premiere 有很多版本，包括 CS4、CS5、CS6、CC、CC2017 等，该软件具有很好的兼容性，同时还能与 Adobe 出品的其他软件相互协作，如 After Effects、Adobe Audition 和 Adobe Stock。

premiere 的优点在于其专业性且功能强大，具有剪辑、字幕添加、滤镜调色、音频加强等功能，如图 6-10 所示为 premiere 软件主界面。

图 6-10　premiere 软件主界面

## 6.2 用会声会影剪辑输出视频

在众多视频剪辑软件中，会声会影是既能满足专业人士，也能满足视频爱好者需求的一款软件。因此，下面将以会声会影为例，讲解如何通过会声会影剪辑并输出短视频。

### 6.2.1 导入视频素材并保存项目文件

使用会声会影剪辑软件，首先需要新建项目并导入视频素材，以下是具体操作。

在电脑中双击会声会影软件图标启动软件，在打开的页面右击视频轴，在弹出的快捷菜单中选择"插入视频"命令，如图 6-11 所示。

图 6-11　启动会声会影

在本地电脑中选择要插入的视频素材，单击"打开"按钮，插入视频后，选择"文件/另存为"命令，如图 6-12 所示。

图 6-12　插入视频素材

在本地电脑中选择保存位置，输入文件名，单击"保存"按钮保存项目文件，如图 6-13 所示。

图 6-13　保存项目文件

# 第 6 章
## 在电脑端精剪视频素材

> **小贴士**
>
> 会声会影的项目文件会保存在会声会影中进行的各种操作，如剪辑、转场等，对于还未剪辑完成的短视频通过保存项目文件，可便于下次编辑时使用。

### 6.2.2 使用剪切将视频素材分割

将视频插入视频轨并保存为项目文件后，可直接双击项目文件进入视频剪辑页面，如图 6-14 所示。

图 6-14　双击项目文件进入视频剪辑页面

使用会声会影分割视频素材的方法有多种，可根据剪辑习惯灵活使用，以下是具体方法。

（1）在时间轴分割

选择视频轨中的素材，将滑轨拖到需要分割的视频位置处，右击，在弹出的快捷菜单中选择"分割素材"命令，如图 6-15 所示。

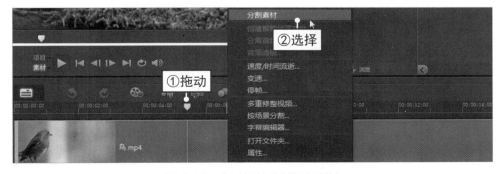

图 6-15　在时间轴分割视频素材

137

### (2)在预览窗口分割

在视频预览窗口拖动滑轨到需要分割的视频位置，单击"分割"按钮分割素材，如图 6-16 所示。

图 6-16　在预览窗口分割素材

### (3)按场景分割

选择"编辑/按场景分割"命令，在打开的对话框中单击"扫描"按钮，扫描完成后单击"确定"按钮，可按场景自动识别并分割素材，如图 6-17 所示。

 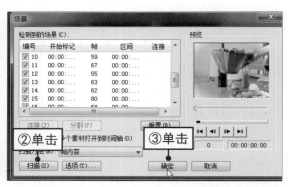

图 6-17　按场景分割素材

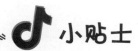

按场景分割素材适合分割在不同场景下拍摄的一段视频，会声会影会自动检测视频中的所有场景，然后将分割的多个素材打开到时间轴。

## 6.2.3 调整视频的区间时间

在会声会影中,可通过调整视频素材的区间来实现慢速或快速播放,以下是具体操作。

右击要强调快速播放的视频素材,在弹出的快捷菜单中选择"速度/时间流逝"命令,在新素材区间数值框中输入数字,单击"确定"按钮,如图6-18所示。

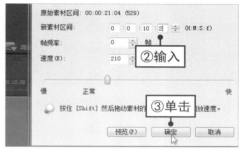

图 6-18  调整视频素材区间

## 6.2.4 修剪视频片头和片尾

对于要修剪片头片尾的视频素材,可在会声会影中使用修整标记来快速剪辑,具体方法有以下几种。

（1）在时间轴修剪片头片尾

在时间轴拖动视频素材左侧的修整边框可修剪片头内容,拖动视频素材右侧的修整边框可修剪片尾内容,如图6-19所示。

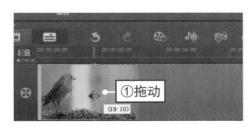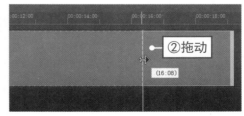

图 6-19  在时间轴修剪片头片尾

（2）开始和结束标记修剪

在预览窗口将滑轨定位在要修剪片头的位置，单击"开始标记"按钮，将滑轨定位在要修剪片尾的位置，单击"结束标记"按钮即可修剪片头片尾，如图 6-20 所示。

图 6-20　使用开始和结束标记修剪

（3）拖动修整标记修剪

在预览窗口拖动片头修整标记可修剪片头内容，拖动片尾修整标记可修剪片尾内容，如图 6-21 所示。

图 6-21　拖动修整标记修剪

## 6.2.5　多重修剪视频素材片段

如果要修剪一段视频的多个片段，并对视频进行精剪，可以使用会声会影提供的多重修剪视频功能，如何精准剪辑视频片段，具体操作如下。

# 第 6 章
## 在电脑端精剪视频素材

在会声会影中右击要精剪的视频素材，在弹出的快捷菜单中选择"多重修整视频"命令。在打开的对话框中单击"播放"按钮播放视频，如图6-22所示。

图6-22　打开"多重修整视频"对话框

当视频播放到合适位置时单击"暂停"按钮，单击"转到下一帧"按钮逐帧查看视频，以实现视频精剪，如图6-23所示。

图6-23　逐帧查看视频

当查看至合适位置后单击"开始标记"按钮，按相同的方法继续查看视频内容，当画面播放至合适位置时暂停视频，单击"结束标记"按钮，如图6-24所示。

图6-24　标记开始和结束位置

完成上述操作后，在"修整的视频区间"窗口可查看到修整后的视频片段，单击"确定"按钮关闭"多重修整"对话框，在返回的页面中可以查看到已修剪完成的视频片段，如图 6-25 所示。

图 6-25　关闭"多重修整"对话框

如果要选取剔除的素材片段，可单击"反转选取"按钮反转选取视频片段，如图 6-26 所示。

图 6-26　反转选取视频片段

### 6.2.6　将剪辑好的视频输出保存

在会声会影中剪辑好视频后，可将视频输出保存为需要的格式，会声会影支持输出 avi、mp4、mov 等格式，下面来学习如何输出视频为 mp4 格式。

在会声会影主界面单击"共享"选项卡，在打开的页面中选择输出格式，如图 6-27 所示。

 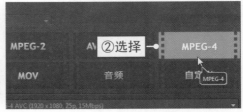

图 6-27　选择视频格式

在"文件名"文本框中输入视频名称,单击"浏览"按钮,如图6-28所示。

图6-28 设置文件名

在打开的对话框中选择文件保存位置,单击"保存"按钮,如图6-29所示。

图6-29 选择文件保存位置

返回"共享"选项卡,单击"开始"按钮输出并保存视频,如图6-30所示。

图6-30 输出并保存视频

## 6.3 为视频素材营造特殊效果

除了基本的视频剪辑功能外,会声会影还提供了调色、滤镜、转场等功能,这些功能可以让短视频凸显各式各样的效果,使视频画面更加丰富。

## 6.3.1 对画面色彩进行校正

受光线、摄影设备等的影响，有时会导致拍出来的视频色调效果不佳，这时可使用色彩校正功能对短视频色彩进行校正，以下是具体操作。

在会声会影中插入要进行色彩校正的视频素材，单击"选项"按钮，如图 6-31 所示。

图 6-31 插入视频素材

在打开的选项面板中单击"色彩校正"按钮，拖动圆形滑块调整参数，如图 6-32 所示。

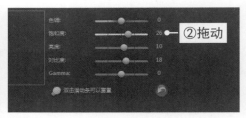

图 6-32 调整参数

完成调整后可在预览窗口查看视频效果，如图 6-33 所示为原视频与调整色彩后的视频对比。

图 6-33 原视频与调整色彩后的视频对比

## 6.3.2 为视频素材添加合适的滤镜

滤镜是帮助短视频实现各种特殊效果的重要工具,在会声会影"滤镜"选项卡中可以查看到丰富的滤镜效果,包括单色、动态模糊、画中画、发散光晕等,如图6-34所示。

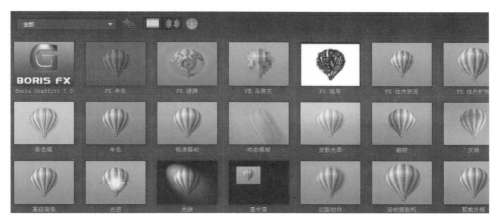

图6-34 会声会影提供的滤镜效果

我们以"视频摇动和缩放"滤镜为例,来学习如何利用会声会影为短视频制作动态突出的效果。

在会声会影中插入要应用"视频摇动和缩放"滤镜的视频,单击"滤镜"选项卡,如图6-35所示。

图6-35 插入视频

在打开的滤镜库中选择"视频摇动和缩放"滤镜,将该滤镜拖动到视频素材的上方,如图6-36所示。

图 6-36 应用滤镜效果

单击"选项"按钮,在打开的选项面板中单击"自定义滤镜"按钮,如图 6-37 所示。

图 6-37 打开选项面板

在打开的对话框中设置缩放率为"100",将滑轨定位在视频尾部,如图 6-38 所示。

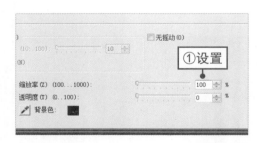
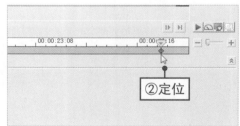

图 6-38 设置缩放率

在左侧"原图"窗口拖动十字指针调整视频停靠位置,单击"确定"按钮关闭对话框,如图 6-39 所示。

 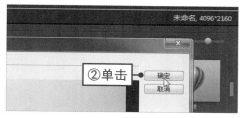

图 6-39　关闭对话框

在返回的编辑页面中，查看添加视频摇动和缩放滤镜后的效果，可以看到视频中的杯子被逐渐放大，如图 6-40 所示。

图 6-40　查看视频播放效果

### 6.3.3 手动添加转场效果

在制作短视频的过程中，如果转场运用得当，将大大提高视频的观赏性和流畅性。会声会影提供的转场效果很丰富，在使用时可按分类来筛选需要的转场效果，对于常用的转场效果，还可以收藏到收藏夹中，如图 6-41 所示。

图 6-41　会声会影转场效果

下面以"翻页"转场效果为例,如何手动为素材添加转场效果,具体操作如下。在会声会影中插入两段素材,单击"转场"选项卡,如图6-42所示。

图6-42　插入素材

在转场库中选择"翻页"转场效果,拖动翻页转场效果到两段素材的中间,如图6-43所示。

图6-43　应用转场效果

在预览窗口可查看应用翻页转场后的效果,可以看到,第一段素材以翻页的形式从一角卷起,逐渐将第二段素材展现出来,如图6-44所示。

图6-44　查看转场效果

## 6.3.4 添加覆叠效果让视频更美观

在会声会影的时间轴中,有视频轨和覆叠轨两种轨道,覆叠轨可以实现在一个画面中重叠展示多段素材,下面以制作重叠画中画效果为例,讲解如何使用覆叠轨。

在会声会影覆叠轨中插入素材,右击预览窗口,在弹出的快捷菜单中选择"调整到屏幕大小"命令,如图6-45所示。

图6-45 在覆叠轨插入素材

右击预览窗口,在弹出的快捷菜单中选择"保持宽高比"命令,右击"覆叠轨1"时间轴,在弹出的快捷菜单中选择"轨道管理器"命令,如图6-46所示。

 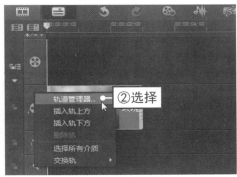

图6-46 打开轨道管理器

在打开的对话框中设置覆叠轨数值为"5",单击"确定"按钮,选择"覆叠轨1"素材,按Ctrl+C快捷键复制素材,移动鼠标光标到"覆叠轨2"轨道上,粘贴素材,如图6-47所示。

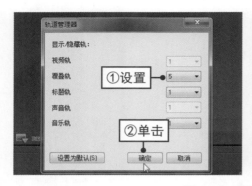 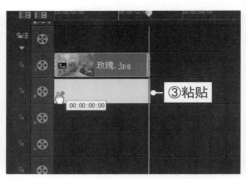

图 6-47　设置覆叠轨数量

按照同样的方法依次复制并粘贴素材到其他覆叠轨，打开滤镜库，选择画中画滤镜，如图 6-48 所示。

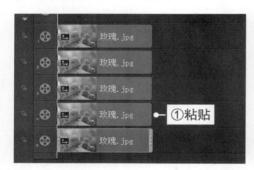 

图 6-48　复制素材

将画中画滤镜拖动到"覆叠轨1"素材中，打开选项面板，单击"自定义滤镜"按钮，如图 6-49 所示。

图 6-49　应用画中画滤镜

在打开的对话框中将滑轨定位在开始位置，设置画中画效果参数，如图 6-50 所示。

图 6-50 设置画中画效果参数

选择开始位置滑轨，按 Ctrl+C 快捷键复制效果参数，将滑轨定位在结束位置，按 Ctrl+V 快捷键粘贴效果参数，如图 6-51 所示。

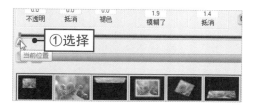

图 6-51 粘贴效果参数

单击"行"按钮关闭对话框，右击"覆叠轨 1"素材，在弹出的快捷菜单中选择"复制属性"命令，如图 6-52 所示。

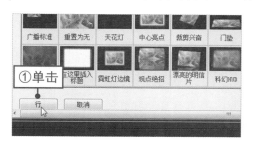
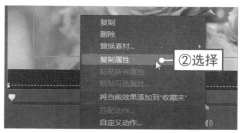

图 6-52 复制属性

右击"覆叠轨2"素材,在弹出的快捷菜单中选择"粘贴所有属性"命令,按照同样的方法为覆叠轨3、4、5粘贴所有属性,如图6-53所示。

图6-53　为所有覆叠轨粘贴属性

在预览窗口拖动黄色边界按钮调整"覆叠轨5"屏幕显示大小,选择"覆叠轨4"素材,同样在预览窗口拖动调整屏幕显示大小,"覆叠轨4"素材画面占比要比"覆叠轨5"大,如图6-54所示。

图6-54　调整覆叠轨素材画面占比

按照同样的方法调整其他覆叠轨素材画面的占比,保证"覆叠4"素材＜"覆叠3"素材＜"覆叠2"素材＜"覆叠1"素材,"覆叠1"素材画面占比为保持屏幕大小。调整完成后,选择"覆叠1"素材,打开选项面板,单击"删除"按钮删除"覆叠1"滤镜效果,如图6-55所示。

图6-55　删除滤镜效果

完成以上步骤后，就可以得到画中画重叠效果，如图 6-56 所示为原图和最终效果对比。

图 6-56　画中画重叠效果

### 6.3.5　用遮罩营造生动效果

遮罩是会声会影中一个比较常用的功能，通过使用遮罩可以实现双重曝光效果，下面以添加视频遮罩为例，具体操作如下。

在会声会影覆叠轨中插入要添加的遮罩素材，右击预览窗口，在弹出的快捷菜单中选择"调整到屏幕大小"命令，如图 6-57 所示。

图 6-57　插入素材

打开选项面板，单击"遮罩和色度键"按钮，选中"应用覆叠选项"复选框，在"类型"下拉列表中选择"视频遮罩"选项，如图 6-58 所示。

图 6-58　使用遮罩功能

单击"+"按钮，在打开的页面中选择视频遮罩素材，单击"打开"按钮，如图 6-59 所示。

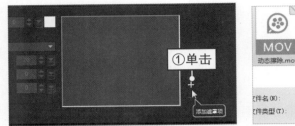 

图 6-59　插入遮罩素材

在返回的编辑页面调整覆叠轨素材的时长，右击"覆叠轨"时间轴，在弹出的快捷菜单中选择"插入轨上方"命令，如图 6-60 所示。

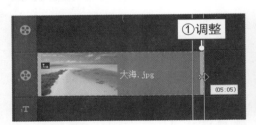 

图 6-60　插入覆叠轨

在新建的覆叠轨中插入素材，同样调整为适应屏幕大小，并将其时长设置为与"覆叠轨 2"一致，如图 6-61 所示。

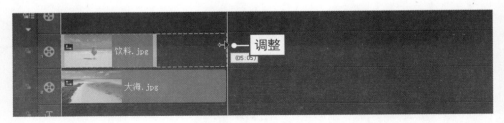

图 6-61　插入素材并调整时长

完成以上步骤后，在预览窗口可以看到视频会以动态擦除的效果逐渐呈现画面，如图 6-62 所示。

# 第 6 章
在电脑端精剪视频素材

图 6-62　动态擦除视频效果

## 6.4 为视频素材添加文字字幕

字幕可以直观地表明视频要传达的信息，在会声会影中可以通过使用标题模板以及会声会影提供的动画效果快速制作出有吸引力的字幕效果。

### 6.4.1 为视频添加标题字幕

在会声会影中添加字幕是非常简单的，下面以制作居中显示的字幕效果为例，讲解如何使用会声会影添加字幕。

在会声会影视频轨中插入要添加字幕的素材，单击"标题"选项卡，如图6-63所示。

图 6-63　插入素材

在预览窗口双击，在打开的文本框中输入文字内容，如图6-64所示。

155

图 6-64 输入文字内容

在右侧"编辑"选项卡中单击"居中"按钮,让字幕内容居中显示,在"字体"下拉列表中选择字体样式,这里选择"微软雅黑"选项,如图 6-65 所示。

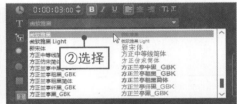

图 6-65 设置字体样式

完成以上步骤后,可在预览窗口查看添加字幕后的视频效果,如图 6-66 所示为添加字幕前后的效果对比。

图 6-66 添加字幕前后的效果对比

### 6.4.2 通过模板制作动态标题

会声会影中提供不同的标题模板,下面以添加有文字背景的标题字幕为例,讲解如何使用会声会影的标题模板。

在会声会影视频轨中插入要添加标题模板的素材，单击"标题"选项卡，如图6-67所示。

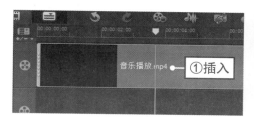 

图6-67 插入素材

在标题库中选择合适的标题模板，将标题模板拖动到标题轨中，如图6-68所示。

图6-68 选择标题模板

在标题轨双击已添加的标题模板，在预览窗口修改文字内容，如图6-69所示。

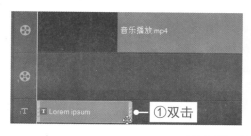 

图6-69 修改文字内容

完成文字内容修改后，拖动标题轨右侧的修整边框，调整标题的显示时长，使其与视频长度等长，如图6-70所示。

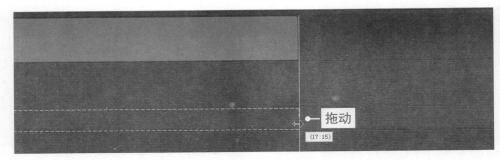

图 6-70 调整标题文字显示时长

完成以上步骤后,可在预览窗口查看应用标题模板后的效果,可以看到字幕以滚动的方式呈现,如图 6-71 所示。

图 6-71 查看标题字幕效果

### 6.4.3 制作标题字幕镂空效果

镂空字幕效果可以让背景画面从文字的中间部分显示出来,下面以制作白色镂空字幕效果为例,如何添加字幕镂空效果,具体操作如下。

在会声会影视频轨中插入素材,单击"标题"选项卡,如图 6-72 所示。

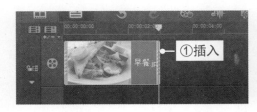 

图 6-72 插入素材

在预览窗口输入文字内容，在"编辑"选项卡取消选中"文字背景"复选框，单击"边框/阴影/透明度"按钮，如图6-73所示。

图6-73 输入文字内容

在打开的对话框中选中"透明文字"和"外部边界"复选框，设置边框宽度为14，单击线条色彩色块，在打开的面板中选择白色色块，单击"确定"按钮，如图6-74所示。

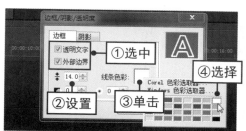 

图6-74 设置文字边框

设置文字字体为"微软雅黑"，单击"居中"按钮让文字居中显示，如图6-75所示。

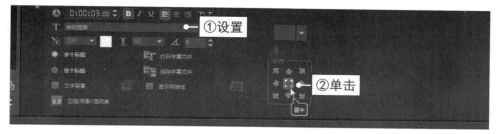

图6-75 设置字幕居中显示

完成以上步骤后，便可以得到镂空字幕效果，如图6-76所示为原图和添加镂空字幕后的效果对比。

图 6-76　添加镂空字幕后的效果对比

## 6.4.4　淡入淡出字幕动画特效

在会声会影中制作字幕时，还可以根据需要为字幕添加动画效果，下面以常用的淡化字幕效果为例，讲解相关操作。

在会声会影视频轨中插入素材，单击"标题"选项卡，如图 6-77 所示。

图 6-77　插入素材

在预览窗口输入文字内容，根据需要在"编辑"选项卡中设置字体格式，这里不做修改，单击"属性"选项卡，如图 6-78 所示。

图 6-78　输入文字内容

# 第6章
## 在电脑端精剪视频素材

在打开的选项卡中选中"应用"复选框,在"淡化"效果栏中选择一种动画效果,如图6-79所示。

图6-79 应用淡化动画效果

完成以上步骤后,可在预览窗口查看字幕效果,可以看到字幕以逐渐淡化的效果消失,如图6-80所示。

图6-80 查看淡化字幕效果

## 6.5 为短视频添加背景音乐

在短视频中,背景音乐有烘托气氛的作用,会声会影作为一款剪辑软件也提供了音乐剪辑功能,下面来学习如何使用会声会影剪辑背景音乐。

### 6.5.1 从原视频素材中分割音频

原视频中如果带有声音效果,可以使用会声会影将音频单独分离出来,以下是具体操作。

在会声会影视频轨中插入要分离音频的素材，右击素材，在弹出的快捷菜单中选择"分离音频"命令，如图6-81所示。

图6-81　插入素材

此时可以在声音轨上看到分离的音频文件，打开"共享"选项卡，选择"音频"选项，可将音频文件单独导出，如图6-82所示。

图6-82　导出音频文件

## 6.5.2 从素材库中添加背景音乐

对于常用的音乐素材，可以在会声会影中建立单独的媒体素材库，将这些音乐素材放入素材库中，以便于后期剪辑时调用。如何建立素材库，并添加背景音乐到音乐轨，具体操作如下。

打开会声会影，单击"添加"按钮，重命名媒体库名称，如图6-83所示。

图6-83　新建媒体库

单击"导入媒体文件"按钮,在打开的本地电脑中选择要导入的背景音乐,单击"打开"按钮,如图 6-84 所示。

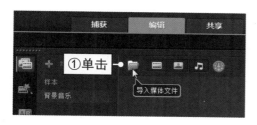 

图 6-84　导入媒体文件

选择已导入的音乐素材,再将其拖动到音乐轨中,如图 6-85 所示。

 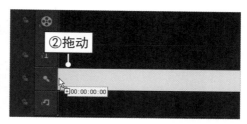

图 6-85　添加音乐素材

### 6.5.3　手动录制画外音旁白

对于需要添加人物对话或旁白的短视频来说,可以使用会声会影录制声音,并应用到视频中。在录制语音前,首先需要将麦克风连接到电脑,然后启动会声会影,单击"录制/捕获"按钮,如图 6-86 所示。

图 6-86　连接麦克风

在打开的对话框中单击"画外音"按钮,在打开的"调整音量"对话框中调整输入音量,单击"录制"按钮,进行麦克风测试,以确保设备工作正常,如图 6-87 所示。

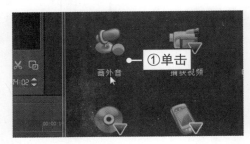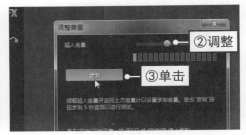

图 6-87　录音测试

测试正常后,点击"开始"按钮进行录制,按 Esc 键停止录制,此时可以看到声音轨中插入了录制的语音文件,如图 6-88 所示。

图 6-88　录制声音

### 6.5.4　调整背景音乐音量大小

在会声会影中插入音乐素材后,如果觉得声音过大或过小了,可通过调整音量大小来控制音量。选择要调整音量的音乐素材,打开选项面板,单击"音量"下拉按钮,拖动音量调节器圆形滑块调节音量,如图 6-89 所示。

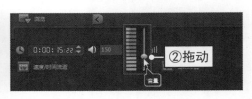

图 6-89　调节音乐素材音量大小

# 第7章 提高抖音短视频点赞量

在抖音平台，短视频的点赞量会影响涨粉以及后期的营销推广，因此提高视频点赞量非常重要。对于短视频运营者来说，可以运用一定的技巧获得更多的人点赞。

- ▶ 明确抖音禁止发布的内容
- ▶ 拟标题要明确的三大要点
- ▶ 抖音取标题的五大技巧
  ……
- ▶ 官方账号也可以"搞怪"
- ▶ 标题中体现视频核心内容
- ▶ 封面制作要避开的坑

## 7.1 提升用户共鸣感

通常情况下，大多数用户都愿意点赞能让自身产生共鸣的短视频，而要让更多的用户产生共鸣，视频内容以及运营细节是关键。

### 7.1.1 明确抖音禁止发布的内容

抖音平台对于禁止发布和传播的内容有着非常明确的规定，运营者首先要保证所发布的短视频遵守相关内容准则。具体准则内容可在"抖音网络社区自律公约"中查看，以下是查询方法。

登录抖音APP，点击"我"页面，在打开的页面中点击"设置"按钮，如图7-1所示。

图7-1 进入"我"页面

在打开的列表中选择"设置"选项，进入"设置"页面，选择"社区自律公约"选项，如图7-2所示。

图7-2 进入"设置"页面

在打开的页面中即可查看"抖音网络社区自律公约"内容，在"遵守共同的行为准则"内容中可查看抖音禁止发布和传播的内容，如图7-3所示。

# 第 7 章
## 提高抖音短视频点赞量

图 7-3 查看抖音网络社区自律公约

## 7.1.2 注重视频画面细节

细节把控是否到位也会影响短视频留给观众的印象，在短视频制作过程中，需要注意以下画面细节。

（1）字幕无遮挡

对于要添加字幕的短视频，在制作字幕时，注意不要让字幕遮挡重要画面的展示。在抖音 APP 中，左下角区域展示的是账号以及标题信息等，最好不要在该区域添加字幕信息，因为会影响字幕内容的呈现，如图 7-4 所示。

图 7-4 不同短视频字幕展示位置

167

### （2）合理使用贴纸

使用抖音或剪映 APP 制作短视频时，可以为视频添加贴纸特效，贴纸的使用应以美观为原则，不要过多地堆积。另外，贴纸也应和要表达的内容相结合。一般来说，贴纸主要起修饰、互动的作用，一个画面中出现一两个贴纸装饰就可以了，如图 7-5 所示。

图 7-5　合理使用贴纸

### （3）人设服装搭配协调

在抖音中，为了打造 IP，通常会给人物设定一个定位，比如包租婆、古装、复古、外卖小哥等。确定好人设后，人物的服装、妆容以及拍摄的场景都应该符合该人设的基本形象，这样才能让短视频产生代入感，引起用户共鸣，如图 7-6 所示。

图 7-6　人设服装搭配协调

## 7.1.3 官方账号也可以"搞怪"

对企业与商家来说，即使抖音的账号形象是蓝V，发布的抖音内容也可以具有趣味性和戏剧性。以抖音蓝V企业"卫龙辣条"为例，其发布的短视频内容很多都是搞怪风格的，通过在短视频中营造冲突和反差来展现产品特色。

在抖音中，卫龙辣条有一条名为"不可思议，辣条居然吃出了米其林的感觉"的短视频，视频中用米其林的高级吃法来吃辣条，不仅让消费者印象深刻，还打破了辣条在消费者心中的固化形象，赢得了不少粉丝，如图7-7所示。

图 7-7　卫龙辣条短视频

卫龙辣条这种具有生活化和趣味性的产品和内容呈现方式，不仅符合抖音平台的风格调性，也很容易引起用户共鸣，获得粉丝的喜爱。在抖音上，卫龙辣条拥有几十万的粉丝，短视频作品也有不错的播放量和点赞量，部分作品有高达百万的点赞量。

通过卫龙辣条的案例可以给短视频运营者以启发，即使是官方抖音账号，在短视频的策划上，也可以选择贴近生活、接地气的内容呈现方式，这样的内容更能让观众产生兴趣，同时也能提升品牌形象。

## 7.2 爆款抖音标题写法

标题也是影响短视频播放量和点赞量的一个因素，在抖音视频播放页面，标题占据了比较重要位置，很多用户都会在观看短视频的同时阅读标题，而标题也会对视频内容起解释说明的作用。

### 7.2.1 标题对短视频的重要意义

标题是在发布抖音短视频时填写的，一般包含文字描述和话题两部分内容，对短视频来说，标题有以下重要意义。

◆ 对关键词搜索产生影响

部分用户在观看抖音短视频时，会通过关键词搜索的方式来寻找自己想要观看的短视频内容。如果我们的短视频标题中含有用户搜索的关键词，那么该短视频内容就有可能呈现在用户的搜索结果中。

因此，想要对关键词搜索用户实现精准营销，就要重视短视频标题的撰写，准确描述短视频内容，使用户更容易搜索，将有助于短视频的搜索传播，如图7-8所示为抖音中"肉松饼"关键词的搜索结果，可以看到短视频标题中含有该关键词。

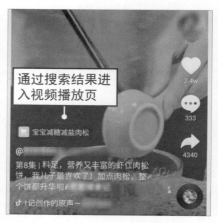

图7-8 "肉松饼"关键词搜索结果

◆ 对互动产生影响

抖音短视频的标题如果能够打动用户，也会得到点赞和评论，比如一则讲述视频调色技巧的短视频，标题为"新手调色必学，让你的视频与众不同 # 一分钟干货教学"与"视频调色"相比，前者的标题更具有吸引力，同时也更容易引起用户互动。

另外，一些带有悬念色彩的标题还能引导用户去评论区找答案，实现更多评论互动，如图 7-9 所示。

图 7-9 标题具有互动效果

◆ 对用户理解内容产生影响

对于一些不是特别浅显易懂的短视频来说，标题将有助于用户理解视频内容，比如抖音中常见的搞笑剧情类短视频，很多用户在观看的时候并不会马上发现笑点在哪儿，如果在标题中给予一定的提示，就会让观众立马会意。

### 7.2.2 拟标题要明确的三大要点

要让抖音短视频的标题发挥作用，在拟标题前，需要明确短视频标题的三大要点，以保证所写标题符合内容要求以及抖音平台的特点。

### （1）避免错误

没有错别字、语句通顺是对短视频标题的基本要求。另外，标题中也不要使用一些特殊符号、缩写词汇，这样的文字机器是无法识别的。

过于夸张、低俗、危言耸听的词汇不要用在短视频标题中，比如不看后悔、看完吓死你等。另外，也不要使用广告法规定的违禁词，比如独家、第一、最高级等。

### （2）简单易懂

用户观看抖音短视频大多使用的是碎片化时间，因此短视频的标题不宜过长，应以简单易懂为原则，以让观众能在短时间内就了解关键内容。一般来说，抖音短视频标题的长度在1～3行为宜，在15～45字，如图7-10所示为不同抖音短视频的标题长度。

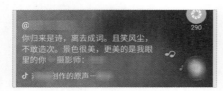

图7-10　不同抖音短视频的标题长度

### （3）生活化

与抖音短视频的内容一样，短视频的标题也应具有生活化特征。具有生活化特征的标题能缩短用户的距离感。在具体撰写时，要避免官方式的用语，应更多地使用口语，如图7-11所示的抖音标题就具有生活化特征，让人觉得很"接地气"。

图7-11　具有生活化特征的短视频标题

## 7.2.3 标题中体现视频核心内容

对于大多数短视频来说,标题是视频核心内容的提炼,通过概括内容主旨来让观众了解短视频要讲的内容,如图7-12所示。

 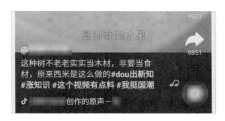

图7-12 标题中体现视频核心内容

在提炼短视频的核心内容时,要根据视频类型来灵活撰写,下面以常见短视频类型为例,来学习如何撰写短视频标题。

◆ 剧情类短视频

对于剧情类短视频来说,可通过提炼剧情内容来作为短视频标题。如果剧情内容用简单的句子无法概述,那么可根据视频中人物的举动或行为来撰写标题,或将视频中具有矛盾冲突的事件进行归纳总结。另外,还可以引用视频中比较经典的台词来作为标题,如图7-13所示。

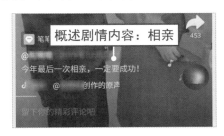 

图7-13 剧情类短视频常用标题形式

◆ 美食类短视频

美食类短视频可从实用性出发来提炼视频核心内容,标题一般包含的元素有食材、菜名、做法、味道、菜品功效等,通过将这几种元素灵活组合,就可以撰写出美食教程类的短视频标题,如图7-14所示。

图 7-14 美食类教程短视频常用标题形式

对于试吃、探店类的美食短视频，则可以结合场景、攻略、亮点来撰写标题，场景是指试吃或探店的位置或餐品类型；攻略是指美食的吃法；亮点是指优势，如味道、口碑等，如图 7-15 所示。

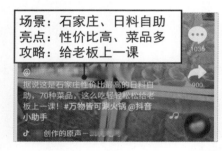 

图 7-15 试吃、探店类的美食短视频常用标题形式

◆ 知识技能类短视频

知识技能类短视频的视频核心内容主要是知识本身，在撰写标题时，通常可以将知识技能所带来的价值提炼出来作为标题，以体现内容的实用性，如图 7-16 所示。

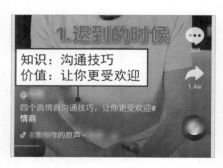 

图 7-16 知识技能类短视频常用标题形式

◆ 时尚美妆类短视频

时尚美妆类短视频通常可以将时尚美妆词、痛点人群、问题、功效结合起来提炼标题内容。

其中，时尚美妆词是指与穿衣打扮、护肤化妆等有关的词汇，比如连衣裙、防晒、眼线等；痛点人群是指与该产品有关的人群；问题则是指用户在日常生活中所遇到的与穿搭、美妆等有关的问题，如皮肤干燥、穿衣显胖等；功效是指其具体的效用，如图 7-17 所示。

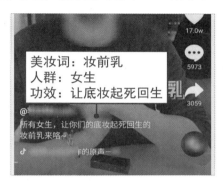 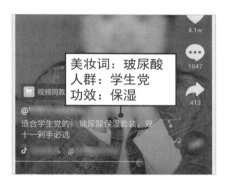

图 7-17 时尚美妆类短视频常用标题形式

### 7.2.4 标题中添加抖音话题

短视频的标题不仅要给用户看，还会给机器识别，为了便于机器识别以及人群搜索，标题中最好添加一些与账号定位相关的话题关键词。另外，抖音话题本身也带有一定的流量，特别是一些热门话题，由于关注的用户较多，因此常常可以给短视频带来倍增的播放量。

在短视频标题中添加话题时，要注意选词的准确性与实用性，一般情况下，可选与账号定位相关的行业词、领域词作为话题插入，比如情感类短视频可插入情侣、恋爱、相亲等话题；教育类短视频可插入英语、育儿、家庭教育等话题，如图 7-18 所示。

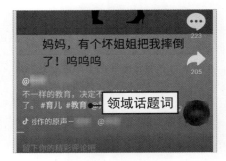

图 7-18　在标题中加入行业话题词

除了行业词外，还可以插入抖音热点榜话题。抖音话题需要在编辑标题的时候插入，插入的方法很简单，即输入标题时点击"话题"按钮，然后输入话题词，如图 7-19 所示。

图 7-19　插入话题

输入话题关键词后，在下方会显示抖音推荐的相关话题，可以选择比较热门的话题插入，点击话题词后，话题会自动插入标题中，如图 7-20 所示。

图 7-20　插入推荐的话题

### 7.2.5 利用工具为写标题找思路

当没有短视频标题写作灵感时，可以使用一些标题工具来找到标题写作的思路，下面以乐观号标题工具为例，来学习如何使用。

进入乐观号（http://www.myleguan.com/）网站首页，在"乐观编辑器"下拉列表中选择"标题大师"选项，如图7-21所示。

图 7-21　进入乐观号网站首页

在打开的页面中输入关键词，单击"生成标题"按钮，在页面下方会显示标题结果，单击"一键使用"按钮即可使用该标题，如图7-22所示。

 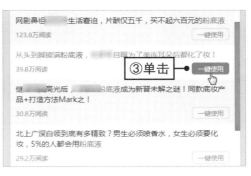

图 7-22　使用标题

使用标题后，可在右侧编辑栏修改标题内容，如图7-23所示。

图 7-23　修改标题

### 7.2.6 抖音取标题的五大技巧

要写出吸引人的短视频标题，在拟定标题时可以运用一些标题撰写技巧，具体有以下 5 点。

（1）运用数字

标题主要是由文字组成的，如果在文字中插入数字，在一定程度上可以增加标题的辨识度，起到吸引观众注意力的作用。在抖音中，盘点类、总结类、知识技巧类短视频都可以运用数字来直观地展示内容，只需将与数值有关的内容用阿拉伯数字来呈现即可，如图 7-24 所示。

 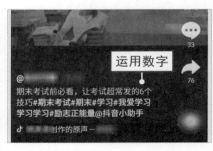

图 7-24 在标题中运用数字

（2）制造悬念

短视频标题如果具有悬念感，会让观众产生好奇心，想要知道视频中讲述了什么，从而耐心观看完整段视频。最简单的在标题中制造悬念的方法就是使用疑问句，比如短视频内容讲述的是健康饮食结构的科普内容，那么用疑问句的形式，可以将标题拟为"怎样的饮食结构最健康，你都知道吗？"，以引起观众的好奇心。

疑问句式的标题在剧情类、知识类、教育类以及萌宠等类型的短视频中都可以运用。在具体拟定标题时，可运用如何、怎么样、难道、居然、为什么、何必、难怪、你占了几个、你知道吗等词汇，如图 7-25 所示为抖音中的悬念式短视频标题。

图 7-25 抖音中的悬念式短视频标题

（3）加入标签

在短视频标题中加入与观看者有关的身份标签，可以增加视频的代入感，让观众"对号入座"，觉得这个视频是与自己有关的，从而进行短视频的分享。另外，在标题中加入身份标签也有助于定位目标人群，使短视频营销推广更精准，常用的身份标签有 90 后、职场、学生党、××星座、上班族、单身人士等，如图 7-26 所示。

图 7-26 在标题中加入身份标签

（4）唤醒情绪

以情感来打动观众也是短视频标题常用的一种技巧，在拟定短视频标题时，可以从爱情、亲情、正能量等情感角度出发来撰写视频标题，激起观众的真实情绪。比如"异地恋的我们，圣诞节最好的礼物就是能见一面"，这样的标题就能唤起正在经历异地恋的观众的情感共鸣，如图 7-27 所示为抖音短视频中"以情动人"的短视频标题。

图 7-27　抖音短视频中"以情动人"的短视频标题

（5）突出矛盾

在短视频标题中突出矛盾、冲突可以营造一种反差感，让观众对视频产生观看的兴趣，比如"男朋友对我很好，我却想离开他"，这样的标题会让观众产生疑问，从而希望通过观看视频来解答心中的困惑，如图7-28所示为抖音中的"矛盾体"短视频标题。

图 7-28　抖音中的"矛盾体"短视频标题

## 7.3　制作有吸引力的封面

封面相当于短视频的"门面"，也是影响短视频点击率的一个重要因素，那么具有吸引力的短视频封面是如何制作的呢？下面具体来学习。

### 7.3.1 短视频封面的常见形式

优质的封面不仅可以给用户留下良好的印象,还可以提升短视频的点击和推荐量,常见的短视频封面有以下 5 种形式。

(1)内容截图式封面

在抖音发布短视频时,封面都是从视频内容中选取的,不在短视频内容中单独设置封面的情况下,视频内容截图基本上就是短视频的封面。以内容截图作为视频封面,在选择静态截图时最好选择视频中能够吸引用户的画面来作为封面,以萌宠类短视频为例,可以选择萌宠可爱或者搞笑的一个画面作为封面,如图 7-29 所示。

 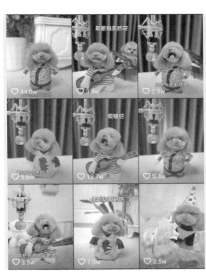

图 7-29 萌宠类短视频封面

(2)真人出镜式封面

对于真人出镜的短视频来说,可以将视频中人物的某一动作、表情等作为封面。在选取时,最好选择人物处于画面中心时的画面,有台词的剧情可以将台词也截取下来。真人出镜式的封面可以加深观众对创作者的印象,同时也有助于账号的人格化运营,如图 7-30 所示。

图 7-30 真人出镜式封面

（3）"效果图"封面

"效果图"封面是指将视频中的成品图作为短视频封面，这种封面形式在美食类、时尚美妆类、技能技巧类短视频中运用得较多，这样能通过最终的效果吸引目标观众，如图 7-31 所示。

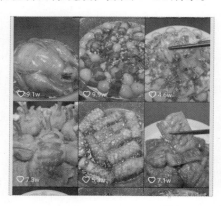

图 7-31 "效果图"式封面

（4）标题文字式封面

标题文字式封面是指将短视频标题精简，以醒目的文字形式放在封面中，这种封面形式可以突出重点内容，也便于粉丝有选择性地观看内容，如图 7-32 所示。

图 7-32　标题文字式封面

（5）模板式封面

模板式封面是指制作一个可以通用的封面模板，后期通过更改文字内容来变换封面。这种封面可以制作成贴片的形式，在视频中选择优质的静态画面，然后将贴片模板粘贴在图片上，制作成封面，如图 7-33 所示。

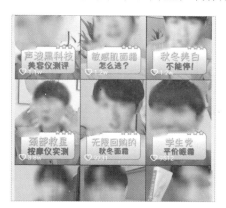

图 7-33　模板式封面

## 7.3.2　优质封面要满足 5 点要求

随意截取图片作为短视频封面是很多新手运营者常犯的错误，一个优质的短视频封面要满足以下 5 点要求。

◆ 视频内容的体现

优质的短视频封面应该是视频内容的体现，能告诉用户这个短视频可能会讲哪些内容。比如情感语录类的短视频，封面应该是与视频中出现的语录有关的，而不是放一个美食图片作为封面。

◆ 风格统一

从抖音账号长远的发展来看，封面作为短视频的标识，最好也要有统一的风格，以便塑造账号形象。比如标题文字式的封面，可以统一字体样式，让封面风格统一；人物大头贴+贴片式的封面，就要统一贴片的样式，让封面有特色的同时统一风格，这在前面展示的封面案例中也可以看出来。

◆ 画面整洁

从视觉传播的角度来看，画面整洁、清晰美观的封面才会给观众留下良好的印象，如果封面内字体混乱、颜色花哨，是很难让观众有好感的，如图7-34所示为不同情感语录类抖音账号的短视频封面。可以看出，左图看起来画面整洁统一，给人很舒服的感觉。右图在图片和文字的搭配上并不是很统一，所以封面的整洁度和美观度要差一些。

图 7-34　不同情感语录类抖音账号短视频封面图对比

◆ 符合竖屏展示方式

抖音短视频的封面是以竖屏的方式展现的，因此我们制作的封面图也要符合竖屏的浏览习惯。对于横屏拍摄的短视频，在制作封面图时最好让主要人物或文字居中显示，以避免封面图看起来显示不完整，影响观看体验。

◆ 封面图有区分

对于分集展示的短视频，视频封面不要用相同的封面图，相同的封面图会让观众以为视频内容是重复的，从而降低视频的点击率。分集短视频要适当地修改封面图文字或背景，让封面图有所区别。

### 7.3.3 封面制作要避开的坑

短视频封面虽然只是一张图片，但扮演的角色却很重要，在制作视频封面时，要注意避免以下一些坑。

◆ **字太多**：短视频封面中的文字内容不宜过多，且文字字号不能太小，太小的文字会增加观众阅读的难度。另外，最好让文字内容居中显示，否则可能会因文字展示不完整而影响封面美观度，如图7-35所示为美食类短视频封面对比。

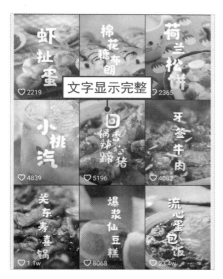

图 7-35 美食类短视频封面对比

◆ **切割人物脸部**：切割人物脸部也是很多短视频运营者常犯的错误，这样的封面会让观众觉得人物有"缺失"，真人出镜式的封面要让人物位于中心位置，避免切割人物脸部。

- **文字遮挡人脸**：文字遮挡人脸会让人物主体看起来很不美观，制作封面图时要注意避免，如果人脸位于比较居中的位置，可以让文字稍微下移，让人脸能够完整呈现。
- **带有水印**：抖音短视频封面图不要带有水印等广告信息，另外，还要注意封面图的画质，应避免使用画质模糊、扭曲变形的图片作为封面。
- **色系不统一**：封面如果使用了背景，那么背景的色系最好统一，不要随意换来换去，如图 7-36 所示。

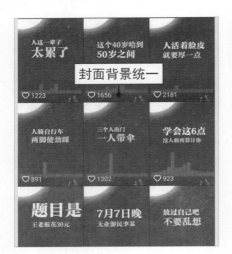 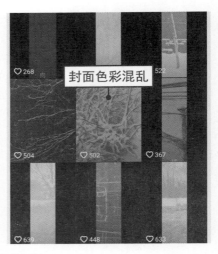

图 7-36　短视频背景封面

## 7.3.4　电脑上制作视频封面海报

制作抖音短视频封面，可以用视频剪辑软件、图片处理工具或在线设计网站来制作，比较方便快捷的是使用在线设计网站来制作，这里以"创客贴"在线设计网站为例，讲解如何快速制作短视频封面海报。

进入创客贴（https://www.chuangkit.com/）首页并登录，单击"设计工具"超链接，在打开的页面中单击"竖版配图"超链接，如图 7-37 所示。

图 7-37 进入创客贴首页

在打开的页面中选择合适的模板,单击"立即使用"按钮,如图 7-38 所示。

图 7-38 选择模板

进入编辑页面,拖动图片到编辑窗口,在编辑窗口插入图片后,调整图片大小,如图 7-39 所示。

 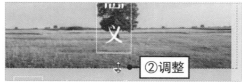

图 7-39 调整图片大小

选择文字文本框,修改文字内容,完成所有文字的修改后,单击"下载"按钮,如图 7-40 所示。

图 7-40 修改文字内容

在打开的对话框中选择文件类型，单击"下载图片"按钮。在打开的"新建下载任务"对话框中单击"下载"按钮，下载封面图片，如图7-41所示。

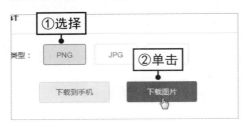 

图7-41　下载图片

完成以上步骤后，就可以得到竖版短视频封面。在使用创客贴制作短视频封面的过程中，还可以根据需要更换背景、字样格式、排版样式、素材形状等，如图7-42所示为使用创客贴制作的短视频封面和素材分类页面。

图7-42　使用创客贴制作的短视频封面和素材分类页面

### 小贴士

在使用创客贴制作短视频封面的过程中，如果需要使用的图片来源于视频截图，那么可以在会声会影中打开短视频，暂停到需要截图的画面，单击"录制/捕获"按钮，在打开的对话框中单击"快照"按钮即可得到静态视频图片。

## 7.3.5 手机快速制作视频封面

除了可以在电脑上制作短视频封面外,还可以利用手机制作封面。可用于制作视频封面的手机软件有很多,这里以"黄油相机"为例,来学习如何制作。

点击"黄油相机"应用图标启动 APP,在打开的页面中选择要制作短视频封面的模板类型,这里选择"美食"选项,如图 7-43 所示。

图 7-43　选择模板类型

在分类结果中选择模板样式,在打开的页面中点击"立即使用"按钮,如图 7-44 所示。

图 7-44　使用模板

在打开的本地相册中选择要替换的图片,进入编辑页面,选择文字文本框可修改文字内容或删除,这里点击"×"按钮删除,如图 7-45 所示。

图 7-45　删除文本框

完成文字修改后，点击"完成"按钮，在打开的页面中点击"保存"按钮保存短视频封面，如图 7-46 所示。

图 7-46　保存封面

> **小贴士**
>
> 使用黄油相机制作好短视频封面后，还需要使用剪映将封面和视频衔接起来，具体操作是将视频封面和短视频都导入剪映中，然后将封面放在短视频片段的最前面，封面时长设置为 0.1s。

## 7.4　让背景音乐增强感染力

同一条短视频使用不同的背景音乐，用户对于视频的反馈可能会千差万别。在抖音短视频中，背景音乐是重要的"辅助神器"，为视频搭配上合理的音乐，可以大大提高视频的点赞量。

### 7.4.1　如何选择合适的背景音乐

如何选择合适的配乐是很多短视频运营者比较头痛的问题，在抖音平台日常浏览短视频的过程中，就要养成收集配乐的习惯，以便在使用剪映剪辑视频时可以直接调用。

在抖音短视频播放页面，点击"音乐"图标，在打开的页面中点击"收藏"按钮即可收藏配乐，如图 7-47 所示。

图 7-47 收集抖音配乐

在具体选择配乐时,要根据视频所传达的情绪或风格来选择,比如风光摄影类的短视频,可选择大气磅礴或者舒缓的音乐作为配乐。具体来看,延时摄影类风景短视频可多选择激烈的音乐,以营造震撼的氛围;如果是 vlog 类的风景短视频,就可以使用舒缓的音乐,营造舒适感。

不少音乐曲库都提供了分类歌单,短视频运营者可通过分类歌单来筛选背景音乐。以曲多多为例,可以按流派、情绪、主体、场景等来筛选音乐,比如短视频的内容是侦探推理,按视频所传达的情绪,就可以筛选"惊悚"分类中的音乐;针对搞笑类的内容,则可以通过"幽默""欢乐"分类来找到合适的音乐,如图 7-48 所示。

图 7-48 按情绪筛选配乐

在具体的分类歌单中,可以看到该歌单适合的范围,比如图 7-48 所示的"幽默"歌单中,幽默逗趣配乐就适合做游戏等场景使用。进入歌单页面可以单击"播放"按钮试听音乐,如图 7-49 所示。

图 7-49　试听音乐

## 7.4.2 结合抖音音乐榜找配乐

在抖音中，可以看到很多爆款视频配的是大家耳熟能详的音乐，这些音乐在抖音很火爆，有的甚至成为了刷屏式的背景音乐，从另一方面也可以反映出用户对这些音乐的喜爱。

运营者在为短视频选择背景音乐时，也可以使用这些热门音乐，能在一定程度上增加视频的点赞量。这样的例子在抖音有很多，可以看到，不少简单的视频配上抖音热门音乐都能获得不少点赞。

抖音热门音乐有两大途径去获取，一是站内，二是站外。站内是指在发布抖音短视频时，从热歌榜和飙升榜中找背景音乐，以下是具体方法。

进入抖音 APP 短视频拍摄页面，点击"选择音乐"超链接，在打开的页面中的"歌单分类"中点击"热歌榜"超链接，如图 7-50 所示。

图 7-50　进入音乐选择页面

在打开的页面中可查看到抖音热门音乐榜单，点击"返回"按钮，在歌单分类页面点击"飙升榜"超链接，如图7-51所示。

图7-51　查看抖音热歌榜

在打开的页面中，可查看到抖音中最具上升趋势的音乐排行榜，点击"收藏"按钮可收藏该音乐，如图7-52所示。

图7-52　查看抖音飙升榜

站外途径是指在音乐播放器中的"抖音热门榜单"中查看，这里以网易云音乐为例，来说明如何查看。

进入网易云音乐（https://music.163.com/）首页，单击"排行榜"超链接，如图7-53所示。

图 7-53 进入网易云音乐首页

在打开的页面中单击"抖音排行榜"选项卡,在右侧"歌曲列表"中查看抖音热门歌曲,如图 7-54 所示。

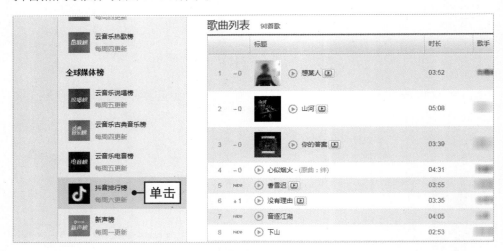

图 7-54 查看抖音音乐排行榜

# 抖音视频上热门的运营策略

第8章

要实现抖音账号快速增粉涨粉,比较快捷的方法是让自己的短视频上抖音热门推荐。短视频是否能上热门是由抖音平台推荐规则来决定的,运营者需要充分了解平台的规则才能更好地玩转抖音。

- ▶ 抖音视频审核规则
- ▶ 避免抖音平台雷区
- ▶ 提升抖音账号权重
  ……
- ▶ 哪类视频无法被推荐
- ▶ 提高完播率和互动率
- ▶ 挑战赛带来的营销价值

## 8.1 搞懂抖音平台规则

针对用户上传到抖音平台的短视频,抖音有一套自己的审核和推荐机制,如果短视频长期涨粉难、转化低,就要思考是否违背了抖音平台的相关规则。

### 8.1.1 抖音视频审核规则

在抖音,每天都有大量的用户上传短视频,为了保证视频合法合规,抖音建立了自己的审核机制。目前,抖音的审核机制为人工、机器双审核。

(1)机器审核

机器审核是通过人工智能模型来审核的,主要审核视频画面以及文案内容关键词是否有违反抖音平台内容规则,即是否存在《抖音网络社区自律公约》中明确禁止发布和传播的内容。

如果视频中存在违规内容,机器会对该短视频做拦截、限流等操作,同时会对视频进行标识,以提醒人工审核注意。

机器在对视频内容进行审核的过程中,还会对未违规的内容进行匹配消重,如果该短视频的重复率较高,则会被抖音限流,进入低流量或降权推荐通道。

(2)人工审核

对于疑似存在违规的内容,抖音会再次进行人工审核,人工审核主要审核视频的标题、封面图以及关键画面。如果视频中确实存在违规内容,那么抖音会删除该视频,针对上传该违法违规内容的账号,抖音会根据情节严重程度进行处罚,轻者降权、警告,严重者将予以永久封号。

因此,要想短视频在抖音获得大的流量推荐,首先就要保证视频内容能通过抖音的双重审核。

## 8.1.2 抖音算法推荐机制

针对通过双重审核的短视频，会进入抖音的推荐系统，该推荐系统为阶梯级推荐的形式。首先抖音会给予新上传的短视频初始流量，该阶段主要将短视频分配给账号粉丝、附近的人以及部分与该视频内容标签相匹配的用户。

在初级推荐中，会根据账号分值给予流量推荐。账号分值是根据账号初始权重来打分的，账号权重受过去一周发布的短视频播放量影响，如果过去一周视频的播放量低于100，那么该账号会被系统判定为"僵尸号"，100～200为最低权重号，1000～3000为推荐号，播放量在10000以上为待上热门号。

账号权重越低，抖音给予的流量池也会越小，即"僵尸号"＜最低权重号＜推荐号＜待上热门号。

初始流量池中用户的数据反馈会对下一级的推荐产生影响，视频质量好的短视频可以进入抖音的下一级流量池，即多级推荐流量池。那么系统如何判定短视频是否优质呢？主要根据完播率、点赞量、评论量、转发量以及关注率数据指标来评估，其中播放量（完播率）＞点赞量＞评论量＞转发量。

根据数据反馈的结果，如果短视频受用户欢迎，那么抖音会给予第二次推荐。第二次推荐中，如果数据反馈良好，那么系统又会给予更多推荐流量。优质视频经过多次叠加推荐，可以逐步进入更高的流量池中，最后进入热门推荐流量池中。

在抖音推荐中，还有一种推荐叫作二次曝光推荐。当一条短视频发布后，如一段时间内都没有火起来，结果过了一周、一个月甚至更长时间后，却突然火起来了，这就是二次曝光推荐的结果。

在二次曝光推荐中，抖音系统会持续挖掘优质的短视频内容，将这些内容推荐给适合的受众，随着抖音账号短视频内容的积累，账号标签也会越精准，在这种情况下，短视频被二次曝光后就可能火起来。所以一条抖音短视频即使在前期未被推荐，也有上热门的可能性。

### 8.1.3 哪类视频无法被推荐

在抖音的推荐算法规则中，也有对视频内容的偏好，以下几种情况可能会导致短视频无法被推荐。

◆ 质量差

画面质量太差的短视频，想要上抖音推荐是比较困难的，常见的表现是画面模糊、粗劣特效、构图不美观等。有时，画面清晰的短视频也会出现上传后模糊的情况，这是受抖音APP上传压缩的影响。针对这种情况，可以通过网页端上传抖音视频，并确保视频分辨率为720p（1280×720）及以上，视频文件大小不超过4G。

进入抖音短视频（https://www.douyin.com/）网页端首页，单击"视频上传"超链接，在打开的页面中使用抖音APP扫码登录，如图8-1所示。

图8-1　进入抖音网页端首页

在手机登录页面点击"确认登录"按钮，在打开的页面中点击"点击上传"超链接上传视频，如图8-2所示。

图8-2　登录抖音账号

◆ 未去掉水印

除了使用剪映或抖音APP剪辑视频外，有的创作者还习惯使用其他手机后期软件,部分后期软件会自动在视频中添加水印,如果没有将这些水印去掉就将视频发布在抖音中,就可能被系统认为视频带有广告信息,从而影响视频的推荐。

◆ 非原创内容

抖音更喜欢原创的内容,直接下载他人的内容发布在自己的账号中,会被抖音打上"搬运号"的标签,从而导致视频无法获得好的推荐,如图 8-3 所示为因搬运内容过多收到的账号评级通知。

图 8-3 账号评级通知

## 8.1.4 避免抖音平台雷区

在初期运营抖音账号时,可能会因为对抖音了解不透彻,导致踩中了抖音的雷区,下面总结了常见的一些雷区,需要运营者注意。

(1)为了涨粉而买粉

很多运营者在刚开始运营抖音账号时,都比较关心涨粉情况,为了在短时间内快速涨粉就去买粉。买粉确实能在短时间内实现粉丝数量的快速增长,但如果买到的粉丝都是假粉、僵尸粉,那么对账号运营来说是非常不利的。

这是因为无效粉丝不会给视频带来良好的用户反馈以及转化,比如买了 10 万粉丝,发布视频后只有几十个,甚至几个粉丝观看、点赞,那么抖音反而会认为我们的视频是低质视频。另外,如果恶意刷粉丝、点赞、评论等,还可能被抖音检测出来存在作弊行为,导致账号被限流甚至封号。

自 2019 年 10 月起,字节跳动安全中心就开展了"啄木鸟 2019"打击黑产专项行动,该行动封禁了大量的存在刷粉刷量作弊行为的抖音账号,其中还包含粉丝量超百万的"大V"。因此,在初期运营抖音账号时,最重要的还是通过发布有吸引力的作品来获得真实活跃的粉丝,避免因急于求成而采用刷赞、刷粉等错误做法。

(2)忽略敏感词

有的运营者可能会遇到账号莫名其妙被限流,却找不到原因的情况,这可能是因为忽略了敏感词所导致的。抖音会对账号简介、视频标题、封面、字幕进行敏感词检测,如果账号简介或视频内容中带有不良的关键词是很容易被检测出来的,而如果踩中了敏感词雷区,就有可能被限流封号。

需要注意的是,有些在生活中常用的词也可能被认定为敏感词,比如钱、微信、打、砸等词汇,这类词汇如果要使用在短视频中,都要用拼音、首字母或同音字来代替,如图8-4所示。

图8-4 敏感词用首字母代替

总的来看,不文明用语、暴力词汇、带有歧视含义或欺骗性质的词汇都是需要注意的敏感词。

## 8.2 提高视频上推荐机会

了解了抖音平台的规则后,短视频运营者就需要根据这些规则运营,通过把握好运营细节、避免不当操作来获得抖音流量推荐。

## 8.2.1 提高完播率和互动率

短视频的播放完成度和互动数据是影响其推荐量的重要指标,针对抖音短视频,可以运用以下方法来提高完播率和互动率。

（1）提高内容节奏感

通常情况下,观众会通过前 5 秒的内容来判断是否要继续观看短视频,因此,短视频的开头一定不能拖拉,一开始就要直奔主题。内容上,不论时间长短都要保证有一定的节奏感,这样才能吸引观众观看完整视频。

（2）标题引导

抖音短视频的标题会一直显示在播放页面左下角,运营者可以通过在标题中抛出引导式文案来有意识地引导用户看完短视频或者留言互动。比如可以在标题中加入"一定要看到最后""结局有反转"等文案来引导用户观看到结尾；如果在标题中加入开放式话题,则能起到引导用户留言互动的作用,如"你们看懂了吗""我选 B,你选择哪一个",如图 8-5 所示。

图 8-5　标题中加入引导式文案

（3）视频引导

在视频的结尾加上引导关注、点赞的话语或开放式话题,对提高关注率和互动率会有很好的帮助,比如可以在结尾加入"喜欢就点个赞呗""关注我,获取更多 ××""建议收藏"来提示关注或互动,如图 8-6 所示。

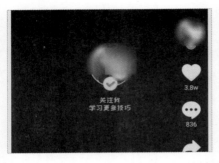 

图 8-6　视频结尾引导点赞或关注

## 8.2.2　提升抖音账号权重

通过前面的内容可以知道，初始推荐量的不同主要与抖音账号权重有关，提高账号权重可从账号基础数据和视频数据两方面来入手。

（1）提高账号基础数据

抖音账号的信息简介要尽量完善，包括昵称、个人简介、性别、地区、背景墙等，注册时最好保证一机一号一卡，登录后不要频繁切换账号。如果账号没有实名认证，那么去申请实名认证，达人、企业或商家可申请官方认证。抖音认证可在"账号与安全"页面进行，以下是具体操作。

在"我"页面点击"设置"按钮，在打开的下拉列表中选择"设置"选项，如图 8-7 所示。

图 8-7　进入设置页面

在打开的页面中选择"账号与安全"选项，进入"账号与安全"页面后可根据需要选择认证类型，如图 8-8 所示。

图 8-8　进入"账号与安全"页面

抖音官方认证分为个人、企业和机构 3 种，其中个人认证需要满足发布视频数 ≥ 1、粉丝量 ≥ 10000、绑定手机号 3 个条件；企业可提交营业执照、认证公函进行认证；机构需进入抖音网页端进行认证。

另外，账号本身的活跃度也会影响基础权重，最好保证每天都登录抖音账号，观看与账号定位相关的视频。

（2）提高视频数据

短视频内容违规很容易导致账号降权，因此提高视频内容质量，不发布违规内容尤为重要，另外，就是通过运营提高视频反馈数据。针对已发布的抖音短视频，可以运用工具来查询视频是否存在质量风险，以下是具体操作。

进入抖音工具箱（https://tool.doudada.com/）页面，输入要查看的抖音视频链接，单击"免费查询"按钮，如图 8-9 所示。

图 8-9　抖音视频质量风险查询

切换至"抖音账号运营风险查询"选项卡，输入抖音主页链接，单击"免费查询"按钮，可查看抖音账号是否存在运营风险，如图8-10所示。

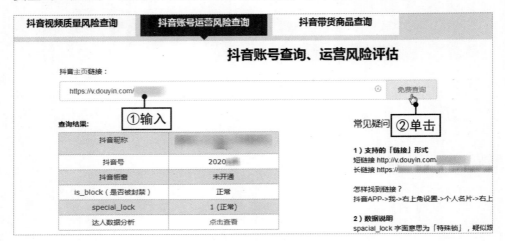

图 8-10　抖音账号运营风险查询

### 8.2.3　稳定短视频发布时间

同一条短视频在不同的时段发布，其播放量也会有所不同，选择用户活跃度较高的时间段发布短视频更容易获得理想的浏览数据。那么哪些时间段是用户活跃的黄金时间段呢？如图8-11所示为《2019年抖音高活跃群体研究报告》。

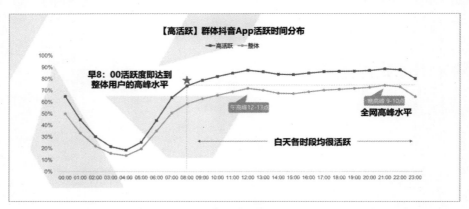

图 8-11　《2019年抖音高活跃群体研究报告》

从图 8-11 所示的报告内容可以看出，抖音中高活跃用户在 12:00 ~ 13:00、21:00 ~ 22:00 会达到两个峰值，因此在发布短视频时，就可以选择这两个时间段。

对于新运营的抖音账号而言，除了可以根据整体的用户活跃数据来选择发布时间外，还可以参考竞品账号的发布时间，了解它们的短视频主要集中发布于哪些时间段。并且查看用户反馈数据，如果用户反馈数据好，那么该时间段就是值得借鉴的。

另外，还可以结合账号潜在用户的使用习惯来选择发布时间，比如美食类账号，其潜在用户可能会在饭点前后浏览短视频；瑜伽类账号，其潜在用户可能会在清晨、睡前浏览短视频。

选择好短视频的发布时间后，最好将该时间固定，这样做的好处在于可以培养粉丝习惯，让粉丝知道我们会在这个时间点更新短视频。另外，也可以让运营团队明确短视频发布时点，提前做好工作规划。

## 8.3 挑战赛助力流量曝光

在抖音中，有一种互动玩法——挑战赛。品牌蓝 V 可通过发起挑战赛来实现营销宣传，热门的挑战赛还可以获得超强流量曝光，实现刷屏级的营销效应。

### 8.3.1 什么是抖音挑战赛

抖音挑战赛是抖音官方推出的一种话题活动，对抖音用户来说，可通过参与挑战赛来获得企业提供的挑战福利以及账号曝光；对企业来说，则可以通过挑战赛来实现品牌营销。

从抖音挑战赛上线至今，挑战赛的玩法越来越多，参与挑战赛的行业和企业也越来越多，包括电商平台、美妆品牌以及旅游景点等，如图 8-12 所示为不同行业发起的挑战赛。

图 8-12　不同行业发起的抖音挑战赛

### 8.3.2　抖音挑战赛的类型

根据挑战赛定位区域的不同，抖音挑战赛可分为特定区域挑战赛和全区域挑战赛。特定区域挑战赛通常由本地企业发起，在拍摄内容和福利奖品上会有一定的地域限制，更有利于精准引流，如旅游景点等，如图 8-13 所示。

图 8-13　特定区域挑战赛

全域挑战赛通常是品牌企业、头条系官方或机构发起的，全域挑战赛的发起方常常会将挑战内容与节日、产品、营销活动结合起来，比如将产品作为定制贴纸让参与用户在视频中使用，如图8-14所示。

图8-14 在挑战规则中加入产品定制贴纸

### 8.3.3 挑战赛带来的营销价值

抖音挑战赛具有吸引用户主动参与、玩法多样有趣等特点，对企业来说，利用抖音挑战赛进行营销推广，具有以下优势。

◆ 多流量入口展示

抖音挑战赛的流量入口有很多，包括抖音开屏、信息流页面、热搜榜、关键词搜索页面、抖音红人视频、企业账号详情页、消息窗口－抖音小助手等，如图8-15所示。

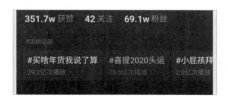

图8-15 抖音挑战赛流量入口

多流量入口展示使得抖音挑战赛能够获得巨大的流量曝光,据统计很多热门的抖音挑战赛从活动开始到结束,都能收获上亿的播放量。另外,挑战赛结束后并不代表企业就不能获得流量曝光了,只要该挑战话题以及用户参与的视频一直存在,企业就能持续获得长尾流量。

◆ 提升用户黏性

在抖音中,大多数粉丝都是视频的接受方,他们与企业之间的互动较少,也很少主动生产视频。企业通过发起挑战赛可以吸引用户主动参与互动,让其成为品牌内容的参与者与传播者,在这一过程中,企业粉丝的用户黏性也会得到进一步提升。

◆ 实现营销转化

在实现品牌曝光的过程中,抖音挑战赛也能为其带来营销转化。以电商引流为例,在挑战赛详情页面,用户可点击贴片广告直接进入电商平台产品购买页面,这样就实现了电商平台的导流与转化,如图8-16所示。

图8-16 电商平台导流转化

除了可以向电商平台导流实现转化外,对于要进行新品推广的企业而言,还可以将用户引流到官方网站的新品购买页面,实现新品从种草到转化,如图8-17所示。

图8-17 官方网站种草转化

## 8.3.4 抖音挑战赛常见玩法

目前抖音挑战赛的玩法主要有3种，包括参与挑战赛话题创作、使用定制贴纸、使用定制BGM（背景音乐）。

**（1）挑战赛话题创作**

参与挑战赛话题视频创作是比较常见的挑战赛互动玩法，用户只需按照挑战规则发布视频即可，根据是否提供挑战模板，又可分为模板示范型话题和开放创意型话题。

模板示范型话题会提供模板案例，用户只需根据模板案例的视频内容模仿创作即可。开放创意型话题会留给参与用户更多的创作空间，只需视频符合话题内容即可，如图8-18所示。

图8-18 模板示范型话题和开放创意型话题

**（2）使用定制贴纸**

使用定制贴纸是目前抖音挑战赛常用的互动玩法，参与用户需要在拍摄视频时使用指定的道具特效，而贴纸也是企业实现品牌曝光的重要工具，在图8-14所示的案例中，参与用户就需要使用指定的贴纸参与挑战赛。

**（3）使用定制BGM**

定制BGM互动玩法在抖音挑战赛中用得相对较少，主要是因为定制BGM的制作难度相对其他玩法而言要更大，如果音乐风格不是参与用户喜欢的，就可能影响活动参与效果。利用定制的BGM，企业也可以实现品牌曝光，如图8-19所示。

图 8-19 使用定制 BGM 挑战赛互动玩法

### 8.3.5 如何参与官方挑战赛

对于中小型企业或达人来说,如果没有发起挑战赛的预算或资格,那么可以参与官方发起的挑战赛或热门话题,借助这些话题活动的高流量来实现账号曝光以及引流涨粉。

以抖音官方发起的"#圣诞奇妙之夜"挑战赛为例,一蓝V企业参与该挑战赛发布的视频获得了两万多的点赞量,而发布的其他短视频的点赞量远小于挑战赛视频,如图 8-20 所示。

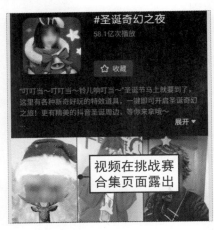 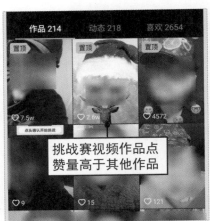

图 8-20 "#圣诞奇妙之夜"挑战赛案例

抖音挑战赛的参与入口有很多,下面以消息页面为例,来学习如何参与挑战赛。在"消息"页面点击"抖音小助手"超链接,在打开的页面中可以查看到挑战赛以及话题活动，选择要参与的活动，点击"参加"按钮，如图 8-21 所示。

图 8-21　进入"抖音小助手"页面

在打开的页面中阅读挑战赛规则，点击"参与"按钮，进入视频拍摄页面，拍摄视频并带话题发布即可，如图 8-22 所示。

图 8-22　参与挑战赛

## 8.3.6　提高挑战赛营销效果

在新品上市、节日大促以及品牌造势时，企业都可以通过发起挑战赛来实现营销宣传，想要挑战赛实现好的营销效果不能忽略以下三大要点。

（1）话题名

挑战赛话题名会影响用户的参与度，优质的话题名能够提高用户参与的积极性，也能为挑战赛带来更多流量。那么企业应该如何设置话题名呢？常用的话题类型有以下几类。

◆ 节日型：是指将节日融入话题中，如春节、圣诞节、端午节等，抖音上的#新年锦鲤wink、#蓄力新年愿望、#这个冬至靠你了等话题名都是与节日有关的。

- **营销节点型**：是指根据大型的营销节点来创建话题名，比如年货节、双11、618等，如#买啥年货我说了算、#双11十万个买什么、#618狂欢一笑。
- **品牌名露出型**：是指以品牌名+活动的方式来命名话题，如#京东金牌好物大赏、#欧莱雅新年送礼回家。
- **热点话题型**：是指利用新媒体平台上的热门话题或者网络新词热梗来作为话题名，如#这波操作稳了（OPPO手机）、#益起硬核踢（伊利）。
- **产品卖点型**：是指将产品卖点融入话题中，如#把生活拍成电影（华为手机）、#累了困了醒醒吧（东鹏特饮）。

（2）挑战赛规则

挑战赛规则在一定程度上决定了活动的参与难度，若参与难度太大也会影响用户的参与热情。因此在设计挑战规则时就要考虑挑战门槛，挑战门槛不能过高，要保证具有一定的可操作性，也就是说不仅是抖音达人，普通用户也可以参与其中。

另外，还要考虑挑战赛互动玩法的设计，不管是贴纸还是音乐，都要符合抖音用户的喜好以及平台调性。总的来看，用户更喜欢有趣搞笑、炫酷新奇、可爱风格的贴纸，节奏感强、朗朗上口的音乐更受抖音用户喜爱。

（3）前期推广

一个全新的挑战赛想要在抖音获得充分曝光，少不了前期的推广。企业可以与抖音红人、名人合作，让其发布带挑战赛话题的示例或短视频来实现挑战赛的前期引流曝光。

除此之外，挑战赛视频示例还具有引导用户参与互动，提供模板示范的作用，如图8-23所示为不同挑战赛合集中的视频示例。

图 8-23　不同挑战赛合集中的视频示例

在选择前期推广的抖音红人时，可从抖音红人的粉丝量、粉丝质量以及粉丝画像来选择合作对象，粉丝量高的头部创作者带来的影响力无疑是广泛的，但也要考虑该创作者的粉丝画像是否与企业的潜在目标用户相匹配。另外，选择粉丝质量高的抖音红人，为挑战赛带来的营销助力会更有效。

> 粉丝质量是指抖音红人的粉丝价值，可从粉丝互动参与度和优质粉丝数来判断，其中粉丝互动参与度是指粉丝的活跃度和黏性；优质粉丝数是指优质粉丝的数量，优质粉丝是指能为视频播放和互动数据带来贡献的粉丝。

## 8.4 争取上同城热门

同城是抖音中的重要板块，该板块主要展示同城用户所感兴趣的内容。抖音同城板块的内容呈现方式与推荐页会有所不同，因此针对同城内容，在运营时也要有所区别。

### 8.4.1 发视频带同城定位

抖音同城页中的短视频也是依据推荐算法来推荐的，用户选择的同城定位不同，推荐的短视频内容也会有所不同，如图8-24所示。

图8-24 同城板块内容

对于本地企业来说，可通过发布视频带上定位，让短视频推荐给同城用户。在抖音短视频发布页面，点击"添加位置"超链接，在打开的页面中点击添加定位或搜索位置，如图8-25所示。

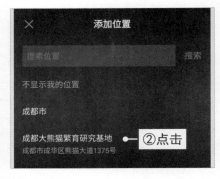

图8-25 发视频添加同城位置

## 8.4.2 明确同城板块交互方式

进入抖音同城板块后可以发现,同城页中的内容是以"瀑布流模式"来呈现的,一屏中会展现多个短视频,用户可根据个人喜好来选择观看内容,这与推荐页面的强制性推送有所不同,如图8-26所示。

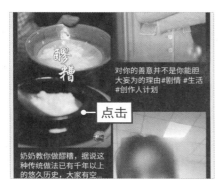 

图 8-26　同城板块交互方式

在同城页中,会展示短视频的封面与标题,因此在发布同城短视频时,要比发布其他视频更注重封面和标题。

针对抖音同城发布的短视频也应符合同城用户的喜好,通常情况下,同城用户更喜欢同城美食、同城玩乐以及本地新闻等内容。另外,如果同城定位与视频内容具有强联系,会更能吸引用户点击,如图8-27所示。

图 8-27　同城位置与视频内容强联系

### 8.4.3 开通抖音门店打造同城网红店铺

对本地商家来说，还可通过开通抖音门店获得短视频本地生活流量红利，成为抖音网红门店，从而为店铺导入同城或其他地区的潜在用户，如何开通抖音门店，具体操作如下。

在"设置"页面点击"创作者服务中心"超链接，在打开的页面中点击"开通抖音门店"超链接，如图 8-28 所示。

图 8-28　进入创作者服务中心

在打开的页面中点击"限时免费认领"按钮，进入授权页面，点击"确认授权"按钮，如图 8-29 所示。

图 8-29　确认授权

在打开的页面中点击"使用手机一键绑定"，进入"账号绑定"页面，输入门店名，在搜索结果中点击"立即认领"按钮，如图 8-30 所示。

图 8-30　账号绑定

完成以上步骤后，再根据提示填写和上传资质资料，包括证件类型、注册地、营业执照等。

# 提高曝光为账号引流涨粉

## 第9章

运营者想要推广自己的账号,不能仅仅把目光放在抖音平台上,需要借助其他新媒体平台的关注度为抖音账号引流,最大限度地利用网络的流通性。

- ▶ 将抖音视频分享到朋友圈
- ▶ 公众号发布抖音号通知
- ▶ 如何使用DOU+上热门
- ……
- ▶ 制作抖音海报分享推广
- ▶ 信息流广告精准引流
- ▶ 抖音号互相客串导流

## 9.1 如何获取种子粉丝

抖音账号的粉丝都是从零慢慢积累的，对于初期抖音运营者来说，第一批种子粉丝是很关键的，那么在运营初期，要如何获取种子粉丝呢？这需要通过站外引流。

### 9.1.1 将抖音视频分享到朋友圈

在朋友圈中也有大量的抖音用户，运营团队可以将抖音视频分享到朋友圈，利用朋友圈的熟人社交关系，为账号引入第一批种子粉丝，以下是具体操作。

打开抖音 APP，点击"我"按钮，在打开的页面中选择已发布的抖音视频。进入视频播放页面，点击"分享按钮"，如图 9-1 所示。

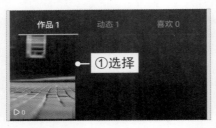

图 9-1　选择已发布的抖音视频

在打开的下拉列表中点击"朋友圈"按钮，程序会自动保存抖音视频到本地相册，保存完成后点击"继续分享到朋友圈"按钮，如图 9-2 所示。

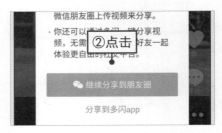

图 9-2　保存视频到本地相册

程序自动打开手机微信，点击"发现"按钮，在打开的页面中点击"朋友圈"

超链接,如图 9-3 所示。

图 9-3　打开微信朋友圈

进入朋友圈页面,点击"照相机"按钮,在打开的下拉列表中选择"从相册选择"选项,如图 9-4 所示。

图 9-4　从相册选择视频

在打开的本地相册中选择保存的抖音视频,进入视频编辑页面,选取视频中的精彩片段,点击"完成"按钮,如图 9-5 所示。

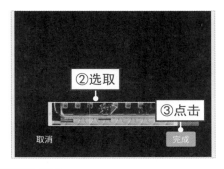

图 9-5　选取视频精彩片段

在打开的页面中点击"完成"按钮,进入视频发表页面,输入文字内容,点击"发布"按钮,如图 9-6 所示。

 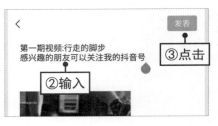

图 9-6　发表视频

## 9.1.2　将其他平台粉丝引流到抖音

除了微信平台，还可以将微博、QQ 等其他新媒体平台中的用户引流到抖音。以微博为例，可以将带有抖音号 Logo 的短视频分享到微博中，并提示用户关注我们的抖音号，如图 9-7 所示。

图 9-7　发微博引导用户关注抖音号

在微博中引流要善用微博转发活动，在为微博账号引流的同时也让更多的人关注抖音号。在策划微博转发活动时，可以让用户 @ 自己的好友或者关注抖音号参与活动，以让微博活动得到更多的关注和二次转发。在福利奖品的设置上，可以选择与自身运营的抖音账号有关的奖品，比如推广的是旅游景区的抖音号，那么可以送该旅游景区的门票，如图 9-8 所示。

# 第 9 章
## 提高曝光为账号引流涨粉

 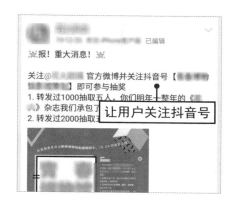

图 9-8　微博转发活动

除了以上方式外，还可以通过发布抖音话题视频的方式来让用户参与微博福利活动，这种活动方式可以引导微博用户为抖音账号造势，如图 9-9 所示。

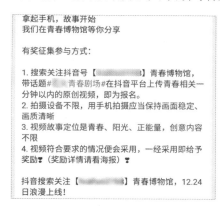 

图 9-9　引导微博用户为抖音账号造势

### 9.1.3　制作抖音海报分享推广

在站外为抖音账号引流，除了可以让用户通过抖音号搜索来关注外，还可以制作抖音二维码海报，让用户通过扫码的方式关注。抖音二维码海报可以在抖音 APP 中生成，以下是具体操作。

进入抖音 APP，在"设置"页面点击"个人名片"超链接，在打开的页面中可查看到生成的抖音二维码名片，如图 9-10 所示。

图 9-10　生成抖音二维码名片

生成抖音二维码名片后，点击"保存到相册"按钮，可将海报保存到手机相册，点击"分享"按钮，可分享海报到朋友圈、QQ 空间等，如图 9-11 所示。

图 9-11　保存和分享抖音二维码名片

使用抖音 APP 生成的二维码名片无法制作成带抖音号介绍的营销海报形式。针对这种情况，可以将关注页名片生成专属二维码，然后使用在线设计工具制作抖音营销海报。

在"我的名片"页面点击"分享"按钮，在打开的页面中点击"复制链接"按钮。在电脑上打开草料二维码（https://cli.im/）生成器，单击"网址"超链接，如图 9-12 所示。

图 9-12　复制链接

将复制的抖音链接粘贴到文本框中,单击"生成二维码"按钮,在页面右侧可查看到生成的二维码,单击"保存图片"按钮,如图 9-13 所示。

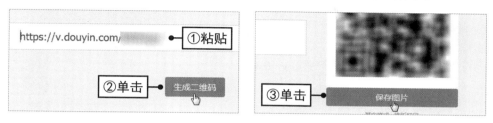

图 9-13　生成二维码

保存二维码后,再使用图片处理工具制作抖音营销海报,制作好的营销海报可以分享到朋友圈、微博、QQ 以及论坛等社交平台中。

## 9.1.4　生成图片口令添加站外好友

在抖音站外推广渠道中,社群也是比较重要的途径。社群是基于圈子、人脉而产生的,具有精准营销、高效率传播的优势。短视频运营者可以基于当前的人脉关系建立社群,或者搭建 QQ 粉丝或微信粉丝社群,将抖音账号图片口令发布到社群中,邀请群友关注。

另外,也可以加入与账号内容相关的社群,比如抖音账号的短视频内容为摄影教学,那么就加入摄影交流社群,在这些社群中推广抖音账号。如何在抖音生成图片口令并分享到微信社群,具体操作如下。

打开抖音 APP,在"我"页面点击"+好友"按钮,在"发现好友"页面点击"快速添加微信好友"超链接,如图 9-14 所示。

图 9-14　进入发现好友页面

程序会自动生成图片口令，点击"保存图片口令到相册"按钮。在打开的对话框中点击"去微信发送给好友"按钮，如图9-15所示。

图9-15　保存图片口令

在打开的手机微信中选择要分享的社群，再发送图片口令即可，如图9-16所示。

图9-16　分享图片口令到社群

在社群中分享图片口令时最好简单介绍下自己的抖音账号，让群友明确抖音账号的主要内容方向，比如"大家好，这是我的抖音账号，会不定期分享摄影干货内容，大家可以扫上方的图片口令关注"。

在微信中建立社群是比较简单的，在"+"下拉列表中选择"发起群聊"选项，在打开的页面中选择要添加到群聊的用户，点击"确定"按钮，如图9-17所示。

图9-17　建立微信社群

# 第 9 章
## 提高曝光为账号引流涨粉

在 QQ 中，可通过关键词搜索的方式来快速找到合适的目标社群，如何具体操作如下。打开手机 QQ，在"+"下拉列表中选择"加好友/群"选项，在打开的页面中点击"找群"选项卡，点击"搜索群号/群名称"搜索框，如图 9-18 所示。

图 9-18　进入添加页面

在打开的搜索文本框中输入要查找的群名关键词，点击"搜索"按钮，如图 9-19 所示。

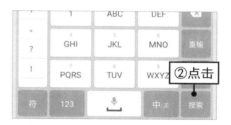

图 9-19　搜索 QQ 群名关键词

在打开的页面中可以查看到与该关键词相关的 QQ 群，选择要加入的群，点击"加入"按钮，进入验证消息页面，输入个人介绍内容，点击"发送"按钮，如图 9-20 所示。

图 9-20　加入 QQ 群

> **小贴士**
>
> 加入他人的社群后，最好先查看群公告内容，看群公告中是否有明确表明不能发布广告信息，如果有，那么在进行抖音账号推广时就要慎重，不要发布太明显的硬广。可以先与群友积极交流，等到和大家比较熟悉后再适当进行抖音推广，比如可以在与群友聊天时分享已发布的比较优质的抖音视频，并发言："我看这个视频里讲的摄影方法挺实用，分享给大家参考。"

## 9.2 增加抖音号曝光的操作

在抖音账号运营前期，尽可能多渠道曝光账号信息，对于账号的涨粉会很有帮助，下面就来学习一些实用的增加抖音号曝光率的方法。

### 9.2.1 公众号发布抖音号通知

微信公众号是比较重要的新媒体平台，对于有公众号的企业或个人来说，在新建抖音账号后，就可以通过公众号来为账号引流。运营者可以发布抖音号上线的文章，吸引公众号粉丝关注抖音号，如图 9-21 所示。

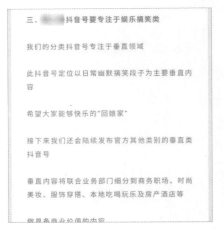

图 9-21 在公众号发布抖音号上线通知

# 第 9 章
## 提高曝光为账号引流涨粉

除了发布抖音号上线通知外,如果在抖音发起了话题挑战赛,那么也可以将该活动内容发布在公众号中,吸引公众号粉丝参与抖音话题互动,如图 9-22 所示。

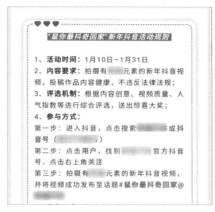

图 9-22  在公众号发布抖音挑战赛活动信息

### 9.2.2 账号名带关键词

在抖音中,搜索功能是很重要的流量渠道,用户可以通过关键词搜索视频、用户、话题以及商品等。从营销推广的角度来看,抖音账号名如果带有与账号内容相关的关键词,会无形中为账号带来很多种子粉丝,如图 9-23 所示。

图 9-23  "美食"关键词搜索结果

从图 9-23 所示的搜索结果可以看出，账号名中如果带了"美食"关键词，其视频和账号都会优先呈现在搜索结果中。基于该搜索排名方式，在命名抖音账号名时就可以采用突出关键词的取名方式，结合抖音内容所属的领域来命名。如摄影领域内容的抖音号，可以以摄影+词组的方式来命名。

### 9.2.3 大号下回复蹭热门

做抖音短视频运营还要学会蹭热度，比如微博上就有蓝 V 通过"抢热门"吸引了不少粉丝的关注，如今在微博上，抢热门已经成为不少品牌官微常用的营销方式。

微博中的这种"抢热门"推广方式也可以运用到抖音中，运营者可以在热门短视频或者抖音大号视频中去发表评论，一旦抢热门成功，不仅能增加账号的曝光度，还能吸引不少粉丝关注。

要想抢热门成功，回复的内容就要有趣或者有价值，这样才能吸引网友点赞或者回复。另外，抢热门的时间把握也很关键，一般要在短视频评论数较少的时候评论，这样可以增加评论被排在前列的机会，如图 9-24 所示。

图 9-24 热门短视频下的评论内容

从图 9-24 所示的评论内容可以看出，排在评论页前面的热评获得了大量的点赞和回复，与之相比，其他评论的点赞和回复则少了很多。而前两条热评的内容具有很强的互动性，这也是该评论能获得大量点赞和回复的原因。

为了提高短视频抢热门的概率，运营者可以关注几个粉丝量较多的竞品抖音账号，了解其短视频的更新时间点，然后尽可能地抢在其他粉丝之前进行评论。评论的方法很简单，在视频播放页点击"评论"按钮，在打开的页面中点击评论框，输入内容再点击"发送"即可，如图 9-25 所示。

图 9-25　发表短视频评论

### 9.2.4　信息流广告精准引流

信息流广告是抖音提供的一种广告形式，适用于新品上市、品牌营销等。抖音信息流广告具有优质的展现位置，比如抖音推荐页，如图 9-26 所示。

图 9-26　抖音中的信息流广告

抖音信息流广告的营销体系为黄金位置高可见性、优质流量个性化推荐，按 CPV 方式计费，如图 9-27 所示。

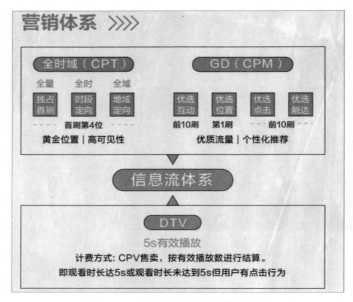

图 9-27　抖音信息流广告营销体系

对于有新品上市推广、品牌营销、应用推广的企业来说，就可以采用信息流广告形式来实现品牌的精准曝光。企业可进入抖音官网首页，在"企业合作"下拉列表中选择"广告合作"选项，在打开的页面中单击"免费注册"按钮，预约官方营销顾问进行信息流广告合作，如图 9-28 所示。

 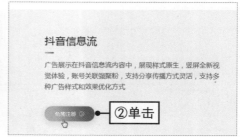

图 9-28　预约官方营销顾问

## 9.3 运用 DOU+ 推广视频

对于想要实现单条视频曝光引流的短视频创作者来说，DOU+ 是比较好的推广工具。DOU+ 具有产品操作简单、互动性强、流量优质等特点。

### 9.3.1 什么是 DOU+ 工具

DOU+ 是抖音为视频创作者提供的视频加热工具，总的来看，DOU+ 具有以下能力。

- **视频曝光**：使用 DOU+ 后，短视频可以获得更大范围的作品推荐，从而提升视频曝光度，提高抖音号人气。
- **互动**：DOU+ 的能力还体现在互动性上，它能帮助短视频获得更多兴趣用户的互动与关注，对于提升账号互动指标将会很有帮助。
- **吸引流量**：对于已开通直播的抖音号而言，DOU+ 能够让更多用户看到直播状态，为直播引流。

目前，DOU+ 订单投放金额为 100 元起，发起投放后，系统会根据选择的投放方式预估相应的播放量。DOU+ 支持的投放方式如表 9-1 所示。

表 9-1 DOU+ 支持的投放方式

| 投放方式 | 介绍 |
| --- | --- |
| 系统智能投放 | 选择该投放方式后，系统会将短视频个性化推荐给潜在兴趣用户 |
| 自定义投放 | 自定义投放方式下，运营者可以根据短视频定向方向选择投放人群的性别、年龄、地域以及兴趣等 |
| 达人相似粉丝投放 | 达人相似粉丝投放是指运营者可以根据短视频类型来选择相应类目的优质达人。选择达人后，系统会将短视频推荐给达人粉丝兴趣相近的人群，比如短视频类型为美妆，选择了美妆类目的优质达人，系统会将短视频推荐给美妆优质达人的相似粉丝人群 |

DOU+ 提供的流量资源都是抖音上的优质用户流量，投放时，运营者可以根据需要选择以下几种目标。

- **高级互动**：该投放目标下，短视频的点赞、评论、分享、关注等互动行为都将得到优化。
- **点赞评论量**：该投放目标下主要优化点赞和评论等互动行为。
- **粉丝量**：粉丝量投放目标下主要以提高关注率为目标，对于有涨粉需求的抖音号而言，该目标比较实用。

在投放时长上，DOU+ 支持 6 小时、12 小时和 24 小时 3 种时长，运营者可根据营销目标选择。如果想要获得更充分的曝光，或是订单投放金额比较高，可以选择较长的投放时长，如 24 小时。

### 9.3.2 如何使用 DOU+ 上热门

DOU+ 支持自投视频以及代投他人视频，运营者可通过视频分享页面以及 DOU+ 进行短视频投放，下面以自投视频并选择速推版为例，来学习如何通过视频分享页面投放 DOU+。

在"我"页面选择要投放 DOU+ 的视频，在打开的页面中点击"分享"按钮，如图 9-29 所示。

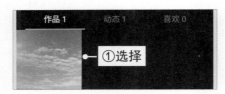 

图 9-29　选择视频

在打开的下拉列表中点击"上热门"按钮，进入"速推版"页面，选择投放人数，如图 9-30 所示。

图 9-30　选择投放人数

选择投放目标,点击"支付"按钮,在打开的支付页面完成支付即可,如图 9-31 所示。

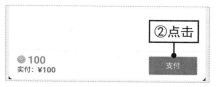

图 9-31　支付金额

在 DOU+ 投放短视频时,如果选择的是定向版,那么可自定义投放时长、潜在兴趣用户性别、年龄以及投放金额等,如图 9-32 所示。

图 9-32　定向版投放页面

DOU+ 投放成功后,运营者可以在后台管理视频,查看投放效果,下面来学习如何进入 DOU+ 后台页面。

进入"设置"页面,在"服务"下拉列表中选择"DOU+ 上热门"选项,在打开的页面中可进行投放管理,查看投放数据,如图 9-33 所示。

图 9-33　进入 DOU+ 投放管理页面

### 9.3.3 如何提高 DOU+ 投放效果

并不是所有的视频作品投放 DOU+ 都能获得好的效果，为了保证好的投放效果，运营者在投放 DOU+ 时要注意以下几点。

**（1）视频符合内容规范**

投放 DOU+ 的视频首先要满足 DOU+ 投放要求，具体内容规范可在支付页面点击"DOU+ 投放要求"超链接，可在打开的页面中查看，如图 9-34 所示。

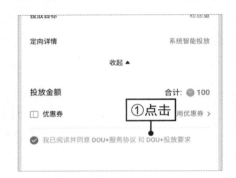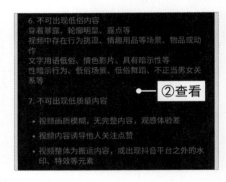

图 9-34　DOU+ 投放要求

**（2）选好投放方式**

DOU+ 的投放方式有多种，运营者要根据自身账号的运营情况来合理选择投放方式。在短视频运营初期，如果发布的视频较少，没有明确的推送人群，那么建议选择智能投放。通过智能投放的效果数据来了解潜在粉丝特征，有了明确的粉丝画像后，再通过自定义定向投放来定位精准人群。

对于有明确类目归属的抖音号而言，可以选择达人相似粉丝投放方式，通过定位竞品账号的目标受众来获得精准粉丝。

**（3）把握投放时间**

投放时间也会对 DOU+ 投放效果产生影响，一般来说，并不需要在视频发布后马上就投放 DOU+，运营者可实时关注短视频数据走向，当视频有冲击爆款视频的趋势时，可通过投放 DOU+ 来为视频助力，如图 9-35 所示为短视频 5 分钟级检测数据。

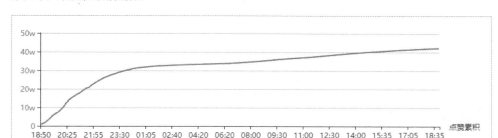

图 9-35　短视频 5 分钟级检测数据

从图 9-35 所属的数据可以看出，在 18:50 发布视频后，迎来了第一波粉丝的点赞。在 20:25 左右，短视频的点赞量增长得较快，总点赞量达到了十万，此时该短视频有冲击爆款的可能，因此运营者可在此时投放 DOU+，将视频推上热门，成为爆款视频。

具体操作时，运营者可以利用数据分析工具来了解短视频数据的实时走向，比如卡思数据、飞瓜数据等，通过这些工具提供的"分钟级监测"功能来为投放时间的选择提供参考。

（4）阶段性投放

对于新创建的抖音号而言，可以采用小成本阶段性投放的方式来测试用户对视频的喜爱程度，比如每次投入 100，分 3 次，在不同时段进行投放。如果用户数据反馈良好，那么再加大投入；如果反馈不佳，则分析原因进行视频优化。

## 9.4　抖音号互推引流玩法

抖音号互推是短视频引流的常用方法，如大号带小号、互相转发短视频来实现粉丝互通，这种引流方式也可以实现短视频在短期内获得大量曝光和涨粉。

## 9.4.1 抖音号互相客串导流

抖音号互相客串导流是指不同账号的抖音达人相互合作，在一条短视频中互相真人出镜，以实现账号导流。客串导流可以通过大号带小号的方式，即让粉丝量较少的达人在粉丝量较大的达人视频中客串出演，也可以是同粉丝体量的抖音达人互相客串。

比如在抖音红人"仙女酵母"的短视频中就常出现其他账号的抖音红人，以自身视频的高流量来为其他账号的抖音红人导流，如图 9-36 所示。

图 9-36　抖音号互相客串导流

大多数短视频平台会采用账号客串的方式来实现互相导流，这是因为平台通常会运营多个抖音号，账号客串有助于打造抖音矩阵。

## 9.4.2 文案中 @ 账号引流

在文案中 @ 其他抖音号，也是互推引流的一种方法。相比客串互推，这种引流方法的成本很低。在不少抖音红人的标题文案中都可以看到，其常常会固定 @ 一个抖音账号，而粉丝自然会对标题文案中 @ 的对象感兴趣，从而点击进行查看或关注，如图 9-37 所示。

# 第 9 章
## 提高曝光为账号引流涨粉

图 9-37　标题文案 @ 固定对象

除了可以在标题文案中 @ 引流外，还可以在评论中 @ 或通过互评来实现导流，如图 9-38 所示。

图 9-38　互评来实现导流

### 9.4.3　合拍互推让视频上热门

合拍是抖音中的一种短视频拍摄玩法，运营者可以在新媒体平台中发起抖音合拍活动，邀请粉丝参与抖音合拍，通过粉丝合拍来实现账号曝光。比如可以在微信公众号中发起抖音合拍福利活动，邀请公众号粉丝参与合拍互动，如图 9-39 所示。

237

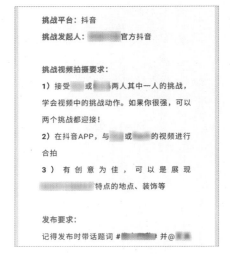

图 9-39　在公众号发起抖音合拍活动

除以上引流方式外，运营者还可以通过蹭热门的方式来实现合拍引流。抖音上就有短视频达人通过合拍抖音红人的视频而吸粉无数，在标题文案中，该短视频达人还会@合拍的对象，通过"隔空喊话""隔屏互动"的方式来吸引用户关注，如图9-40所示。

图 9-40　与热门视频合拍

了解了合拍引流的一些方法后，如何进行合拍，具体操作如下。在视频播放页点击"分享"按钮，在打开下拉列表中点击"合拍"按钮进行合拍，如图9-41所示。

图 9-41　进行短视频合拍

### 9.4.4　账号互粉间接引流

账号互粉是一种间接引流方式。在抖音账号详情页中可以看到该账号关注的用户，部分抖音用户会通过该页面关注自己喜欢的抖音达人所关注的账号，如图 9-42 所示。

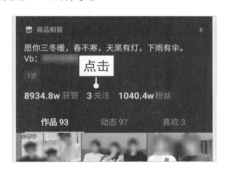 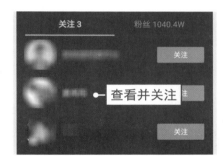

图 9-42　抖音账号详情页

这种互推方式利用了粉丝的好奇心理，如果合作的抖音账号粉丝黏性足够大，通常就能获得较好的引流效果。但要注意一点，账号关注的抖音号不能太多，否则无法激发用户的关注行为。

与账号互粉类似的互推方法还有点赞互推，抖音号点赞的视频会在"喜欢"页面呈现。与账号互推一样，唯一点赞的账号互推效果会高于点赞视频数多的抖音账号。

## 9.5 实用的涨粉小技巧

运营抖音短视频，还有很多实用的涨粉小技巧，这些技巧看起来很不起眼，但却能带来很好的涨粉效果。

### 9.5.1 个人背景页吸引关注

很多运营者在运营抖音账号时，对于账号背景都不太关注，实际上背景页是很好的"关注"广告位。运营者可以将背景页设置为个性化的引导关注页，吸引进入账号详情页的用户关注，如图9-43所示。

图 9-43 个性化的引导关注页

运营者可在图片处理工具中制作引导关注海报，然后上传到背景页中，以下是具体的上传方法。

在抖音账号"我"页面点击个人背景页，在打开的页面中点击"更换"超链接，如图9-44所示。

图 9-44 进入"我"页面

在打开的下拉列表中选择"从相册选择"选项,在打开的手机相册中选择背景图,如图9-45所示。

图9-45　选择背景图

在页面底部点击"确认"按钮,在打开的页面中裁剪图片,如图9-46所示。

图9-46　裁剪图片

完成裁剪后点击"完成"按钮,在返回的页面中可以查看到背景页效果,如图9-47所示。

图9-47　查看背景页效果

## 9.5.2　不要轻易删除视频

在运营抖音号的过程中,有的运营者可能会因为上传环节、标题文案等错误而进行视频的删除操作。实际上删除作品是不利于抖音运营的,特别是删除视频后，又上传同样的视频。这种操作会影响短视频流量的分发，如果操作过于频繁，还会被抖音认为有搬运视频的嫌疑，从而导致账号被降权。

还有一种删除操作也会对账号权重产生影响，那就是在某个时间段一次性批量删除多个视频，这种操作在另一方面还会影响视频的点赞量。因此，为了避免人为原因而影响短视频流量以及账号权重，在发布视频前，需要提前做好规划，确保标题文案以及视频内容的正确性。另外，也不要因为短视频播放数据不佳就删除视频。

对于新账号而言，在前期建议先模拟普通用户的玩法，进行抖音视频的浏览、点赞等操作，不要立马发布视频。在这一过程中，可以关注、评论或点赞竞品短视频，让抖音为我们的账号打上合适的标签，等到一个周期后（一般为7天）再发布视频。

这种做的好处在于可以提高首发短视频发布的成功率，定位精准粉丝，让首发视频获得更好的播放量，避免短视频播放数据不佳而删除视频。

## 9.6 如何避免账号掉粉

好不容易积累起来的粉丝却随着短视频的运营而不断掉粉，这是短视频运营者不愿看到的。针对账号掉粉，运营者要学会分析原因，了解问题所在，通过改变运营思路来实现持续地吸粉、涨粉。

### 9.6.1 账号掉粉的原因分析

通常情况下，抖音账号有一定的掉粉是可以接受的，只要涨粉率大于掉粉率，那么账号的运营就是良性的。如图9-48所示的掉粉情况，可以看出虽然账号有一定的掉粉，但整体涨粉数量大于掉粉数量，粉丝数据趋势是向上增长的。

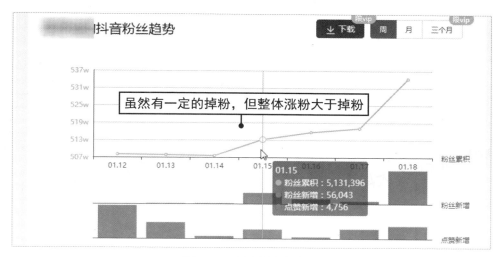

图 9-48 抖音粉丝趋势图

如果账号在一个周期内掉粉远大于涨粉，粉丝增长趋势为负，那么就要特别注意了，如图 9-49 所示的情况。

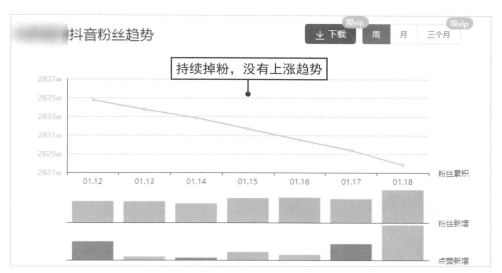

图 9-49 抖音粉丝趋势图

针对图 9-49 所示的掉粉情况，短视频运营者需要分析掉粉的原因，总的来看，以下五种情况可能导致账号掉粉严重。

◆ 更新内容不规律

粉丝关注抖音号，其主要目的是通过观看短视频获得有趣、有用的内容，如果账号更新没有规律，或者长时间不更新，部分粉丝就会因为账号没有稳定地输出有价值的短视频内容而取消关注。因此，运营者在做短视频内容策划时就要考虑好短视频的更新频率，一旦确定就不要轻易更改。

◆ 内容没有价值

如果抖音账号出现不更新不掉粉，一更新反倒掉粉严重的情况，那么就可能与短视频的内容有关。如果发布的短视频不够优质，是粉丝所不感兴趣的，当粉丝接收到我们更新的短视频时，就会因为不喜欢内容而取消关注。因此，持续输出有价值的短视频内容才是留住粉丝的关键。

◆ 广告太多

在短视频中适当地植入部分广告是大多数粉丝都能接受的，但如果每条短视频中都植入了广告，即使是软广，也会影响粉丝的观看体验，久而久之，掉粉就会越来越严重。运营者要注意，在短视频中植入广告的频率不能太频繁，要适度植入，比如一月或两周发布一次广告类短视频。

◆ 没有互动

互动是粉丝运营的重要组成部分，运营者不要认为短视频发布后就代表运营结束了，要想留住粉丝，并持续提高粉丝黏性，与粉丝互动就很关键。比较简单的粉丝互动就是回复粉丝留言、评论。可以看到，很多抖音红人都会定期翻牌部分粉丝进行回评，这对于维护粉丝关系是很有必要的，如图9-50所示。

 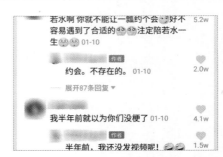

图9-50　与粉丝互动

◆ 账号竞争的影响

随着抖音短视频的不断发展，越来越多的创作者入驻了抖音平台，随着同类型账号的增多，粉丝对短视频内容质量的要求越来越高，部分粉丝会因此转而关注其他更优质的抖音号。另外，粉丝的口味也不会一成不变，随着粉丝喜好的变化，也会导致掉粉。这也提醒运营者，在运营短视频的过程中，要保持创新，以应对突如其来的变化。

## 9.6.2 账号被限流了该怎么办

通过前面的内容可以知道，若抖音账号违规会导致账号被限流，那么如何判断账号是否被限流了呢？具体有以下方法。

- ◆ 从视频播放量来看，如果视频的播放量长期都处于 0 或者 100 以下，或者播放量远低于平均水平，如历史评论播放量为 10000，当前视频播放量为 100，那么就有可能是被限流了。
- ◆ 用其他抖音号下载视频，若显示无法保存到本地，则表明该作品正在被限流中，如图 9-51 所示。

图 9-51 无法保存视频到本地

若抖音账号被限流了，短视频运营者首先要进行自救，以下是自救的具体方法。

- ◆ 运营者要先自查账号是否存在违规行为，如内容违规、刷赞等行为，若存在违规内容，则要将内容删除；若存在违规行为，则要马上停止该行为。

◆ 若收到了抖音账号评级通知，则可以点击"申述请戳"超链接，提交申诉材料进行申述。在申述期间可多发高质量的短视频，避免任何违规行为，若账号申诉成功，系统会发布通知，流量会慢慢增加，如图9-52所示。

 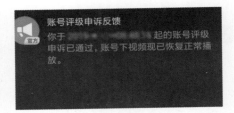

图9-52　账号申诉

◆ 若收到了账号被封禁的通知，可在登录账号时，系统自动弹出的申述窗口查看是否存在导致账号被封禁的行为，若没有则可以点击"申诉"按钮，按要求填写申诉理由，然后等待系统审核，如图9-53所示。

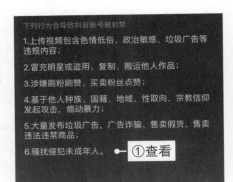 

图9-53　账号封禁通知

# 如何实现抖音短视频营销变现

## 第10章

随着抖音账号粉丝的不断积累,如何实现短视频的营销变现是运营者普遍关心的问题,抖音短视频的营销变现方式有多种。不同类型的账号,其适用的变现方式会有所不同,运营者要根据自身定位来选择合适的变现方式。

- ▶ 积累粉丝做广告代言
- ▶ 将粉丝导流线下交易变现
- ▶ 什么是抖音星图平台
  ……
- ▶ 电商卖货打造优质产品
- ▶ 如何添加商品到抖音短视频中
- ▶ 直播对抖音运营的作用

## 10.1 短视频变现的几种方式

变现是短视频从前期点赞、涨粉到后期转化的过程，随着抖音平台的不断发展，其变现模式也在不断优化。目前比较常见的变现方式有广告代言、电商卖货、知识付费以及导流线下交易。

### 10.1.1 积累粉丝做广告代言

广告代言是抖音红人用得比较多的变现方式，这种变现方式对达人的粉丝总量、粉丝质量要求较高，且合作的商家大都是比较知名的品牌。在抖音中，达人可以通过台词植入、道具植入、标题文案植入、视频贴片、互动贴纸、挑战赛等方式来露出合作的品牌信息，实现品牌合作代言，如图10-1所示为抖音短视频中的汽车广告代言。

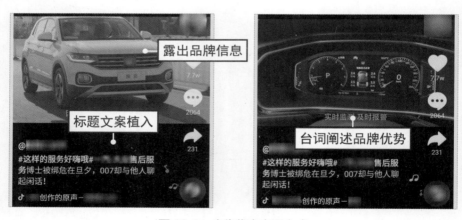

图 10-1 广告代言变现方式

从推广市场来看，抖音账号粉丝量越高，相应的广告代言费也会越高。另外，广告时长不同，广告代言的报价也会不同，大多数情况下，广告代言的时长分为20秒以内和21～60秒两种。

目前，大多数广告主更青睐个性突出、有鲜明IP人设的抖音达人。另外，性价比、广告与视频创意的融合度也会成为广告主选择达人的一个参考因素，比如美食类广告主更愿意选择与吃播、美食探店类抖音红人合作。

总的来看，短视频达人想要通过广告代言实现抖音变现，在视频风格上就要有自己独特的定位，这样不仅能留住粉丝，也更容易获得广告商的青睐。另外，选择与自己内容方向相契合的品牌进行代言合作更利于广告的自然融入，也不至于引起粉丝的反感。

## 10.1.2 电商卖货打造优质产品

随着抖音橱窗的开放，电商卖货已成为抖音短视频中主流的营销变现方式，通过在视频链接中推荐商品，粉丝可以直接点击链接进入商品购买页面，如图10-2所示。

图 10-2  抖音购物车功能

目前，抖音的购物车商品显示页面除了会显示视频推荐的商品外，还会显示同款商品，这给予了消费者更多地商品种草视频选择，如图10-3所示。

图 10-3  相似商品推荐页

对抖音短视频创作者来说，相似商品的推荐无疑增加了视频带货的竞争力，这要求创作者提升短视频的种草能力，才能实现持续带货。同时，商品的好坏也会影响种草视频的变现能力。整体来看，抖音上的美食饮品、日用百货以及服装类产品的带货效果更好。随着带货视频竞争力的加剧，创作者可以通过以下方式来提高种草视频的转化力。

◆ 重视封面的影响力

在抖音购物车的同款商品推荐页，封面是影响用户是否点击的关键因素，因此创作者要重视带货视频封面页的制作。在制作封面页时，有真人出镜的视频可以选择真人作为封面页，这样更能吸引用户点击。

◆ 商品效果展示

商品效果展示的好坏会对消费者的购买决策产生影响，在展示使用效果时，注意不要夸大或吹捧产品效用。简单直观地阐述，把产品功效通过对比的方式展现更能提高视频转化力。

◆ 选择热门商品

在对商品进行选择时，选择热门商品更容易促成转化。为了让粉丝持续相信推荐的商品，创作者也要亲自考察商品的优质程度，不能为了赚取佣金而推荐没有质量保障的商品。

### 10.1.3 深化学习知识付费

知识付费是知识类短视频常用的变现方式，比如英语类、软件技巧类短视频。这类视频在变现时也常常会利用抖音购物车，只不过推荐的商品大多是虚拟产品，如英语课程，如图10-4所示。

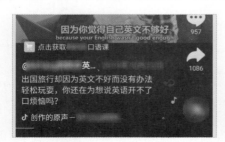 

图10-4　英语课程推荐

除了可以引导粉丝购买知识付费课程进行变现外，短视频达人也可以将粉丝导流到知识付费平台实现变现，比如在视频中插入英语教学 APP，如图 10-5 所示。

图 10-5　视频中插入英语教学 APP

### 10.1.4　将粉丝导流线下交易变现

如果线下有实体店，那么就可以将抖音粉丝导流到线下实现变现，再加上抖音目前提供了门店功能，就更便于商家将用户从抖音引流到线下。短视频创作者在抖音视频中添加门店地址后，用户可点击该地址进入店铺详情页，查看门店地址、联系方式、访问企业主页等，如图 10-6 所示。

图 10-6　在视频中添加门店地址

完善的门店详情介绍有助于提高抖音门店的转化率，目前，抖音门店详情页可展示头图、联系方式、地址、问大家、相册等，建议门店认领者尽可能地完善详情页信息，以更好地实现门店营销，如图10-7所示。

图10-7　抖音门店详情页

开通抖音门店后，再通过带地址的短视频曝光来实现门店推广、导流和变现。需要注意，不是所有的行业都可以认领抖音门店，部分禁入的行业如图10-8所示。

图10-8　抖音门店禁入行业

# 第 10 章
## 如何实现抖音短视频营销变现

> **小贴士**
>
> 目前，抖音门店开放的城市有北京、上海、广州、成都、重庆、苏州、西安、郑州、天津、青岛、沈阳、南京、哈尔滨、昆明、济南等 15 个城市。

## 10.2 开通抖音商品橱窗

短视频创作者要通过抖音实现视频带货变现，首先需要开通抖音的商品分享功能，开通后可以在视频中添加商品。除此之外，还可以申请抖音小店，在抖音小店中可实现商品的二次推荐和转化。

### 10.2.1 如何开通商品分享功能

并不是所有的抖音用户都能开通商品分享功能，目前，商品分享功能的开通条件有以下 3 点。

- 完成抖音短视频实名认证，只有认证用户才能开通商品分享功能。
- 抖音账号个人主页视频数（公开且审核通过）≥ 10 条。
- 抖音账号粉丝总数 ≥ 1000。

满足以上条件的抖音用户可开通商品分享功能，开通商品分享功能后，短视频创作者可获得以下权益。

- 拥有个人主页商品橱窗功能，可以在短视频和直播中添加推荐的商品。
- 拥有抖音账号个人主页视频置顶功能。
- 支持 DOU+ 视频加热功能。
- 支持登录抖音达人 PC 端管理平台（https://e.douyin.com/），达人可通过 PC 端管理平台回复抖音消息、设置私信自动回复、置顶评论等。

了解了抖音的商品分享功能后，下面来学习如何开通商品分享功能，以下是具体操作。

在"设置"页面点击"创作者服务中心"超链接,在打开的页面中,点击"商品分享功能"超链接,如图10-9所示。

图10-9　进入创作者服务中心

在打开的页面中点击"立即申请"按钮,进入商品分享功能申请页面,输入手机号、微信号,选择所卖商品类目,如图10-10所示。

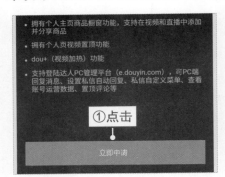
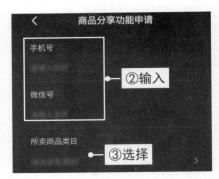

图10-10　申请商品分享功能

完成信息填写后,点击"提交"按钮,在打开的页面中,可查看到提交成功的通知,等待系统审核,如图10-11所示。

图10-11　提交申请等待审核

### 10.2.2 如何开通小店功能

抖音小店是抖音为商家和短视频达人提供的电商专属抖音店铺，开通抖音小店后，用户可通过达人个人主页进入橱窗页面，查看小店商品并直接在抖音中实现购买，而不用跳转至其他电商平台，如图10-12所示。

图 10-12 抖音小店展现方式

目前，抖音粉丝在30万以上的达人以及受邀的媒体创作者可申请开通抖音小店，企业和个体工商户可提交申请资料开通小店。企业和个体工商户需要的申请资料如表10-1所示。

表 10-1 企业和个体工商户申请小店需要的申请资料

| 类型 | 申请资料 |
| --- | --- |
| 企业 | 1. 法定代表人身份证人像面和国徽面照片及法定代表人手持身份证照片；（有代理人时提供代理人手持身份证照片）<br>2. 营业执照正副本照片或加盖公章的复印件照片；<br>3. 店铺名称、店铺 Logo 照片及营业执照中的经营范围；<br>4. 商标注册证；（普通店铺中选择生鲜、图书、数字音像、教育培训、教育音像不需要提供品牌，其他类目需要品牌；当代理品牌时，需提供商标注册证和品牌授权书）<br>5. 相应的类目下的行业许可证；<br>6. 店铺管理人信息；<br>7. 售后信息 |

续表

| 类型 | 申请资料 |
|---|---|
| 个体工商户 | 1. 经营者身份证人像面和国徽面照片及经营者手持身份证照片；<br>2. 营业执照正副本照片或加盖公章的复印件照片；<br>3. 店铺名称、店铺 Logo 照片及营业执照中的经营范围；<br>4. 商标注册证；（普通店铺中选择生鲜、图书、数字音像、教育培训、教育音像不需要提供品牌，其他类目需要品牌；当代理品牌时，需提供商标注册证和品牌授权书）<br>5. 相应的类目下的行业许可证；<br>6. 店铺管理人信息；<br>7. 售后信息 |

对于企业来说，可申请的小店类型有普通店铺、专卖店、专营店以及旗舰店，个人工商户目前只能申请普通店铺。申请开通抖音小店，需要在商家后台网页端进行申请，以下是具体操作。

进入商家后台（https://fxg.jinritemai.com/），单击"抖音账号登录"按钮，在打开的页面中输入手机号、验证码，在页面下方选中"我已阅读并同意"单选按钮，单击"登录"按钮，如图 10-13 所示。

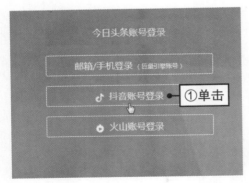 

图 10-13　登录商家后台

登录成功后选择入驻类型，这里单击"企业入驻"中的"马上入驻"按钮，如图 10-14 所示。

# 第 10 章
## 如何实现抖音短视频营销变现

图 10-14 选择入驻类型

在打开的页面中选择企业入驻或个体工商户入驻，这里选择企业入驻中的"普通店铺"，单击"开始填写资料"按钮，如图 10-15 所示。

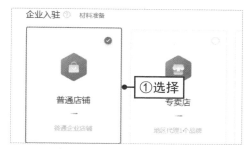

图 10-15 选择店铺类型

进入资料填写页面，按要求上传法定代表人身份证照片，填写法定代表人姓名和法定代表人身份证号码，上传营业证件信息，填写公司名称、统一社会信用代码和营业期限，单击"下一步"按钮，如图 10-16 所示。

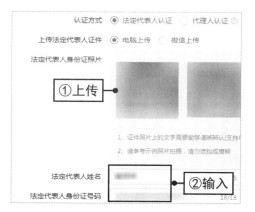
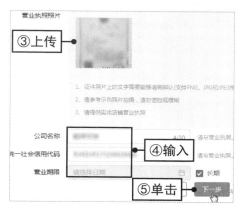

图 10-16 填写主体信息

进入店铺信息填写页面，填写店铺基本信息、行业资质信息、品牌资质信息、店铺管理人信息和售后信息，完成后单击"创建店铺"按钮，提交信息并等待审核，如图10-17所示。

图10-17 填写店铺信息

### 10.2.3 如何添加商品到抖音短视频中

开通抖音商品分享功能后，就可以在视频中添加商品了。在短视频发布页面点击"添加商品"超链接，进入商品添加页面，通过搜索或商品链接选择商品，点击"添加"按钮，如图10-18所示。

图10-18 添加商品

进入商品编辑页面，按要求输入商品标题，选择分类，完成后点击"完成编辑"按钮，在返回的发布页面点击"发布"按钮，如图10-19所示。

 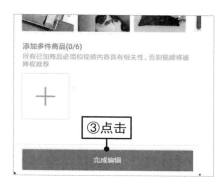

图 10-19　完成商品编辑

> **小贴士**
>
> 目前，抖音平台暂仅支持添加淘宝、京东和网易考拉商品。对于有淘宝店铺的抖音达人而言，需保证店铺等级在一钻及以上，店铺评分不低于 4.7 分或行业平均，确保商品成功加入淘宝联盟后才能添加店铺商品到抖音，添加时抖音达人需绑定淘宝客账号。对于没有淘宝店铺的抖音达人而言，可选择内容选品库中的商品进行推广。

### 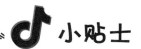 避免违规使用商品分享功能

在使用抖音的商品分享功能时，部分短视频创作者会遇到商品添加不成功或审核无法通过的情况，这可能是由于商品信息发布不规范导致的。为了保证商品视频能成功通过审核，短视频创作者在发布带货视频时要注意以下几点。

（1）明确抖音禁止分享商品类目

并不是所有的商品都可以通过抖音进行分享，部分商品禁止在抖音橱窗页面、视频购物车以及直播购物车等信息发布页面发布，包括药品、保健品、易燃易爆品等，具体类目可在《抖音平台禁止分享商品目录》中查看，以下是查看方法。

在抖音 APP 中进入"电商小助手"账号主页，点击"官网链接"超链接，在打开的页面中点击"抖音平台禁止分享商品目录"超链接，如图 10-20 所示。

图 10-20　进入"电商小助手"账号页面

在打开的页面中即可查看到《抖音平台禁止分享商品目录》具体内容,如图 10-21 所示。

 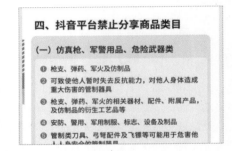

图 10-21　查看《抖音平台禁止分享商品目录》

（2）规范商品信息标题

在填写购物车标题、商品标题以及视频标题时,要注意信息的规范性。标题内容应是商品属性的客观描述,并且与商品本身有关联,标题关键词要与商品名称或品类相关,禁用《广告法》规定的违禁词,如最高级、第一等。

不要使用带有广告性质、引导下单或促销信息的词汇,比如点击购买、下单、点击抽奖、9.9 包邮、限时秒杀等。另外,也不能在标题中加入售卖数量以及价格等内容,比如 7 袋、30 元一件等,以避免商品数量或价格发生变动对消费者造成误导。

（3）规范商品图片

在编辑商品信息时,应保证使用的商品图片能够清晰地展示商品,第一张主图需是商品正面实拍图,其他图片可展示商品细节,不要使用拼图。商品图片中不能出现站外广告信息,如联系方式、二维码等,商品图片至少要在 5 张以上,如图 10-22 为正面案例。

图 10-22　商品图片正面示例

（4）规范视频内容

带货视频应为原创内容,且应保证视频中使用的背景音乐、图片等内容未侵犯他人的知识产权。视频中不能出现广告信息,如联系方式、二维码、购买方式水印等,另外带有广告销售性质的文案也不能使用,如找我下单、可代购等文案。

## 10.3　入驻星图推广接单

对粉丝量比较大的抖音达人来说,接广告代言是比较迅速的短视频变现方式,但有时短视频达人并不能找到合适的广告合作资源,这种情况下达人可以选择入驻星图平台,实现广告代言订单合作。

### 10.3.1　什么是抖音星图平台

星图是头条官方推出的商业内容智能交易和管理平台,抖音达人、MCN机构以及广告主可通过星图实现广告推广合作。抖音达人入驻星图后,可以获得官方内容指导建议、官方线上交易担保和数据服务。

对商家来说，其可以在星图平台了解达人的粉丝数量、粉丝画像、服务报价以及视频数据等，从而找到适合自己品牌的抖音达人并发布短视频营销任务，如图 10-23 所示。

图 10-23　商家营销目标发布页面

对抖音达人来说，则可以在星图接收商家的营销任务，进行收益提现等操作，如图 10-24 所示。

图 10-24　抖音达人任务接收页面

总的来说，抖音达人要完成一次任务接单并收益提现，需要经历如图 10-25 所示的任务流程。

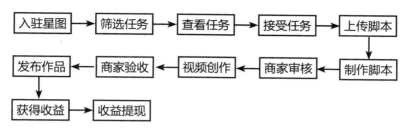

图 10-25 抖音达人任务接单流程

## 10.3.2 如何入驻星图平台

目前，达人可以通过两种方式入驻星图平台，一种是与抖音认证的 MCN 机构签约；另一种是与抖音官方签约，这里重点讲解第二种入驻方式。

选择第二种入驻方式的抖音达人，可通过星图官网（https://star.toutiao.com/）开通账号，从而进行任务接单，以下是具体操作。

在星图官网首页单击"达人登录"按钮，在打开的页面中输入手机号和验证码，单击"登录"按钮，如图 10-26 所示。

图 10-26 登录抖音账号

登录成功后在"账号概览"页面单击"去申请"超链接申请开通任务，如图 10-27 所示。

图 10-27 申请开通任务

根据页面提示完成任务开通申请后，需要设置报价等服务信息，完成报价设置后即可入驻星图并接收任务。入驻后若要修改报价信息可单击左侧导航栏"服务管理/抖音服务管理"超链接，在打开的页面中单击"设置次月报价"超链接，如图10-28所示。

图10-28　进入抖音服务管理页面

在打开的对话框中设置不同时长视频的报价，单击"确定"按钮修改报价，如图10-29所示。

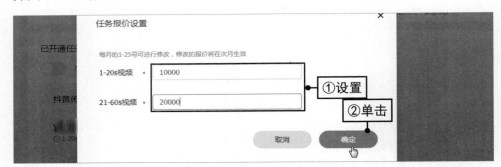

图10-29　修改报价

## 10.4　抖音直播引流带货

直播是电商平台、游戏视频平台以及音乐平台比较常见的一种视频互动方式，在直播浪潮的推动下，抖音也上线了直播功能，而直播也是抖音短视频达人变现的一种重要方式。

# 第 10 章
## 如何实现抖音短视频营销变现

### 10.4.1 直播对抖音运营的作用

从抖音运营的角度来看,开通直播对短视频的营销推广和粉丝运营会有以下重要作用。

◆ 吸引粉丝关注

针对直播,抖音提供了专门的流量入口,用户只需在首页点击"LIVE"按钮即可进入达人的直播页面。进入达人直播间的用户可直接点击"关注"按钮关注主播,这样就实现了一次直播引流,同时也为抖音账号获取了新粉丝,如图 10-30 所示。

图 10-30 抖音直播流量入口

◆ 提高粉丝留存率

在抖音短视频运营过程中,除了吸粉还要想办法留住粉丝,而直播就是可以提高粉丝留存率的工具。通过直播,短视频达人可以与粉丝进行更深入的互动,了解粉丝的喜好,同时达人还可以通过定期开展直播活动来提高粉丝黏性,实现粉丝维护。

◆ 实现爆款热卖

抖音直播也提供了购物车功能,短视频达人可在直播间进行产品推荐,通过产品的试用、展示、搭配等引导进入直播间的用户下单。通过利用直播的互动性与即时性特征,主播可以了解用户的需求,充分发挥线上"导购"的作用,从而提高商品的转化率,实现爆款热卖。

如图 10-31 所示为抖音直播的购物车功能,用户进入直播间后,可点击"购物车"按钮查看主播推荐的商品并购买。

图 10-31　抖音直播购物车功能

## 10.4.2　如何开通抖音直播权限

对于希望借助抖音直播实现引流变现的短视频达人来说，可以在创作者服务中心开启直播权限并进行视频直播，以下是具体操作。

在"设置"页面点击"创作者服务中心"超链接，在"已开通能力"中点击"开始直播"超链接，如图 10-32 所示。

图 10-32　进入创作者服务中心

在打开的页面中点击"开始视频直播"按钮，在打开的对话框中点击"我已阅读并同意协议"按钮，如图 10-33 所示。

 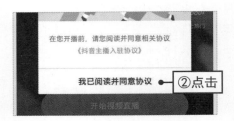

图 10-33　开始视频直播

完成以上步骤后即可开始视频直播,在开通直播权限时,若抖音账号未进行实名认证会被要求进行认证,完成认证后可使用直播功能。

### 10.4.3 开播前进行直播设置

在开始进行抖音直播前,主播可以进行开播设置,包括开播模式、封面、标题等的编辑,好看的封面和有吸引力的标题有助于提高直播间的人气,下面就来学习如何进行直播开播设置。

在抖音首页点击"+"按钮,进入拍摄页面,点击"开直播"按钮,如图10-34所示。

图 10-34　进入拍摄页面

在打开的页面中点击"更换封面"按钮,在打开的对话框中选择"从手机相册选择"选项,如图10-35所示。

图 10-35　从手机相册选择封面

在打开的手机相册中选择封面图,进入裁剪页面,根据需要裁剪封面图,如图10-36所示。

图 10-36　裁剪封面图

完成裁剪后点击"确定"按钮,在返回的页面中点击"编辑"按钮,如图 10-37 所示。

图 10-37　返回直播页面

输入直播标题内容,点击"开始视频直播"按钮进行直播开播,如图 10-38 所示。

图 10-38　设置标题并进行直播

# 抖音短视频投放效果跟踪

第11章

短视频投放效果分析是短视频运营过程中的重要一步,通过数据分析来反馈前期的短视频运营效果,可以帮助运营者了解粉丝喜好,明确短视频的内容方向,为后续抖音短视频的运营优化提供决策依据。

- ▶ 为什么要分析短视频数据
- ▶ 根据数据调整发布时间
- ▶ 了解账号在行业所处位置
- ▶ 体现互动量的关键指标
- ▶ 抓住短视频带货商品
- ▶ 查看抖音账号评估报告

## 11.1 了解短视频基础数据指标

不少短视频运营者在进行抖音视频数据分析时，常常会遇到不知道该分析哪些数据指标的问题。一般来说，运营者需要重点分析的关键数据指标，包括播放量、互动量等。

### 11.1.1 为什么要分析短视频数据

数据分析对于抖音短视频运营的重要性不言而喻，总的来看，进行短视频数据分析具有以下作用。

◆ 实现精准营销

用户画像反映了抖音短视频账号的粉丝特征，比如性别比例、地域分布等，抖音账号的用户画像可通过短视频数据分析来得出结论，明确用户画像有助于为抖音短视频"打标签"，实现短视频精准营销。

◆ 明确运营侧重点

在初期进行抖音短视频内容策划时，运营者会根据定位来确定大致的短视频运营规划方案，包括内容方向、更新频率的选择等。随着短视频的逐步投放，运营者可以通过获取的短视频数据来了解什么样的视频更受粉丝喜爱、哪个时间段发布视频更能获得高播放量，然后通过数据来优化运营方向，明确抖音运营的侧重点。

### 11.1.2 查看抖音短视频播放量

在短视频数据分析过程中，播放量是需要重点分析的基础数据指标。播放量反映了短视频的播放次数，也是评判短视频质量好坏的指标之一，播放量可以在抖音账号作品合集页查看，以下是具体方法。

在抖音短视频首页点击"我"按钮，在打开的页面中，即可查看抖音视频的播放量数据，如图11-1所示。

# 第 11 章
## 抖音短视频投放效果跟踪

图 11-1　查看抖音视频播放量数据

在作品合集页，可以查看到抖音视频总的累计播放量。在分析播放量时，可以对比不同题材的短视频播放数据，了解哪类题材更受粉丝喜爱。分析时可将播放数据整理为表格形式，来辅助进行分析，如表 11-1 所示。

表 11-1　短视频播放量数据统计表

| 标题 | 总播放量 | 关联商品标题 | 发布时间 | 统计时间 |
| --- | --- | --- | --- | --- |
|  |  |  |  |  |
|  |  |  |  |  |
|  |  |  |  |  |

### 11.1.3　体现互动量的关键指标

在抖音短视频中，体现互动量的关键指标有 3 个，包括点赞量、评论量和分享量。抖音视频的互动数据可以在短视频数据分析工具中查看，以卡思数据为例，短视频运营者可以通过账号搜索的方式，查看自身抖音账号以及竞品抖音账号的短视频点赞、评论总数以及趋势图等，以下是具体操作。

进入卡思数据首页并登录，输入抖音账号名，单击"搜索"按钮，如图 11-2 所示。

图 11-2　进入卡思数据首页

271

在打开的搜索结果中，单击要查看的抖音账号名称超链接，如图 11-3 所示。

图 11-3　进入搜索结果页

进入账号详情页后，即可查看到该抖音账号短视频的互动数据，如图 11-4 所示为抖音视频点赞趋势图。

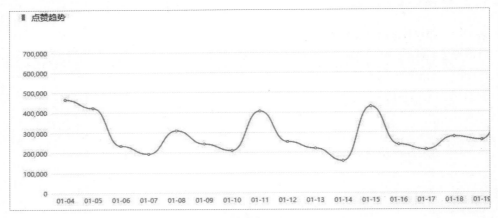

图 11-4　短视频点赞趋势图

查询到短视频的互动数据后，可以用 Excel 表格进行数据统计，以便于后期进行效果分析，如表 11-2 所示为短视频互动数据统计表。

表 11-2　短视频互动数据统计表

| | A | B | C | D | E |
|---|---|---|---|---|---|
| 1 | 视频描述 | 点赞总数 | 评论总数 | 分享总数 | 发布时间 |
| 2 | 家人在身边，朋友在对门！# | 201375 | 2321 | 243 | 2020-01-25 17:20:12 |
| 3 | 饭后，这碗到底该谁洗？ | 251291 | 2786 | 3707 | 2019-04-09 18:06:23 |
| 4 | 【第四集】每个人，都可以是自己的 | 123989 | 676 | 189 | 2018-06-20 19:20:35 |
| 5 | 武侠大片里从没见过的醉拳打法！ | 1582574 | 31594 | 21650 | 2019-09-03 17:56:25 |
| 6 | 我在黑暗中，见到你眼中的月光，藏 | 106438 | 2680 | 499 | 2019-07-19 12:06:13 |
| 7 | 祝大家新春快乐，万事如 | 76195 | 3113 | 189 | 2020-01-24 17:06:12 |
| 8 | 为了这顿饭，老公和我哭了一个小时 | 231141 | 2375 | 1024 | 2019-02-28 18:25:10 |
| 9 | 【第三集】每个人，都可以是自己的 | 110847 | 1877 | 195 | 2018-06-20 19:19:04 |

## 11.2 数据分析优化运营

获取到抖音视频的相关数据后，短视频运营者需要挖掘和分析已有的数据，来了解短视频的运营效果，通过数据分析的结果来帮助指导抖音账号的整体优化运营。

### 11.2.1 优秀视频统计了解用户喜好

针对发布到抖音中的短视频，运营者可以按周、月等统计优秀视频，通过分析优秀视频的标题、内容等来了解用户喜好。在短视频互动数据统计表中，运营者可以按点赞量由高到低进行抖音视频排序，从而快速统计出当月优秀视频。然后针对当月优秀视频，制作当月优秀视频统计表。下面以某剧情类抖音账号的视频数据为例，来学习具体操作。

在 Excel 表格中打开本月发布的抖音视频，选择"点赞总数"数据列，单击"数据"选项卡，单击"降序"按钮，如图 11-5 所示。

图 11-5 按点赞总数降序排列

根据抖音视频点赞总数的排序结果，运营者可以统计出当月抖音视频点赞 top5，然后制作优秀抖音视频 top5 统计表，如表 11-3 所示。

表11-3  当月优秀抖音视频top5

| 标题 | 视频时长 | 点赞量 | 评论量 | 是否关联商品 |
| --- | --- | --- | --- | --- |
| 话可不能乱说,你和××是……哪种关系…… | 59.0秒 | 2057013 | 4542 | 是 |
| 他只是个孩子啊!可千万不能轻易放过#熊孩子#…… | 48.8秒 | 1328189 | 7634 | 否 |
| 少吃一顿饭,亲情不会断,过年不串门,平安你我他…… | 29.6秒 | 1279095 | 5459 | 否 |
| 过年生存指南:少串门!平安健康有了,这些事儿也省了…… | 1分24.2秒 | 1273350 | 5840 | 否 |
| 我的新年愿望是你,你呢?#新年快乐#…… | 9.4秒 | 1162489 | 6238 | 否 |

从表11-3中可以看出,点赞量高的短视频其标题带有一定的悬念色彩,另外,标题含有当前节日关键词的短视频也获得了大量粉丝的点赞。在内容上,粉丝更青睐与生活、情感、职场等有关的内容。从视频时长上看,粉丝对于30～60秒的短视频反馈更好。

通过对以上优秀视频进行分析后,在后期进行短视频运营时,运营者可以从以下几方面对抖音视频进行优化。

标题:在撰写标题时,可多采用悬念式的写法,将抖音视频标题与热点节日、话题、网络热梗等相结合。

内容:在策划视频内容时,可多策划与日常生活、职场、情感等相关的反转剧情式短视频。

时长:抖音视频的时长尽量控制在30～60秒。

**小贴士**

不同类型的抖音账号其统计出的优秀视频类型会有所不同,在具体分析时,运营者要结合自身实际情况来作分析。

第 11 章 抖音短视频投放效果跟踪

## 11.2.2 根据数据调整发布时间

在初期建立抖音账号后，很多运营者会通过抖音用户整体活跃情况、潜在用户使用习惯以预测或随机的方式来选择视频发布时间。当投放了一定量的短视频，有了一定的数据基础后，运营者就可以通过粉丝画像数据来调整抖音视频的发布时间，下面以小葫芦数据工具为例。

进入小葫芦（https://www.xiaohulu.com/）首页并登录，在首页单击"视频红人"选项卡，输入抖音账号名，单击"立即搜索"按钮，如图 11-6 所示。

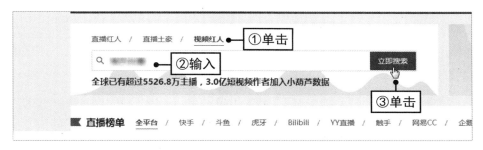

图 11-6　抖音账号搜索

在搜索结果中单击抖音账号名超链接，在打开的页面中单击"用户画像"选项卡，如图 11-7 所示。

图 11-7　进入数据分析页面

在打开的用户画像页面可以查看到粉丝的性别分布、星座分布、年龄分布以及活跃时间分布数据。这里重点查看粉丝活跃时间分布，包括按天和按周统计的分布图，如图 11-8 所示。

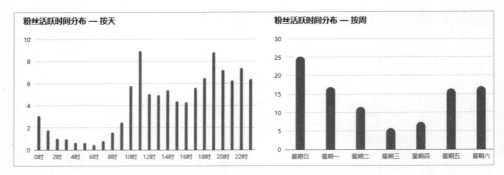

图 11-8 粉丝活跃时间分布

通过图 11-8 展示的数据可以看出，在粉丝活跃时间分布 – 按天柱状图中，粉丝在 10:00 ～ 12:00、18:00 ～ 20:00、21:00 ～ 23:00 时间段活跃度较高，在粉丝活跃时间分布 – 按周柱状图中，粉丝在星期日活跃度较高。

因此，如果短视频的更新频率为 1 条 / 周，那么就可以选择在星期日的 11:00、19:00 或 22:00 发布短视频；如果更新频率为 1 条 / 天，就可以在 10:00 ～ 12:00、18:00 ～ 20:00、21:00 ～ 23:00 这 3 个时间段中选择一个时间点更新。

## 11.2.3 不能忽视的抖音排行榜单

在进行抖音账号数据分析的过程中，除了要分析自身账号的运营效果外，还要对同行业、同类型账号或同质内容进行分析。通过分析同行竞品账号的运营数据，来找到自身的不足之处，从而实现运营突破。

在对同行竞品账号进行分析时，有几个榜单数据需要运营者留意，包括热门视频排行榜、涨粉排行榜和蓝 V 企业排行榜。

◆ 热门视频排行榜

通过热门视频排行榜，运营者可以了解当前抖音平台中的热门视频有哪些，在查看过程中，重点分析同质热门视频。

以飞瓜数据为例，运营者可以按分类查看热门视频，在热门视频详情页可查看到评论热词、商品热词、视频观众分析等数据，如图 11-9 所示。

图 11-9　抖音热门视频排行榜

◆ 涨粉排行榜

在飞瓜数据播主排行榜中，运营者可以按日、周或月查看到抖音账号粉丝增长排行榜。针对粉丝增速较快的同行竞品账号，运营者要分析其视频表现，包括视频内容特点、作品发布数、关联商品情况等，以此来帮助自己优化视频内容和挑选带货商品，如图 11-10 所示为美食类抖音账号涨粉排行榜。

图 11-10　美食类抖音账号涨粉排行榜

◆ 蓝 V 企业排行榜

对于企业类型的抖音账号来说，可重点查看蓝 V 企业排行榜单，了解竞品领域抖音账号的粉丝画像、热门视频等数据。蓝 V 企业排行榜可以在飞瓜数据小程序中查看，以下是具体操作。

在手机微信中搜索"飞瓜数据"，在搜索结果中点击"飞瓜数据"超链接，在打开的页面中点击"蓝 V 排行榜"超链接，如图 11-11 所示。

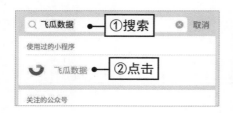 

图 11-11　进入飞瓜数据小程序

在打开的页面中点击"分类"下拉按钮，可按分类查看蓝 V 排行榜单，这里点击"美妆"超链接，如图 11-12 所示。

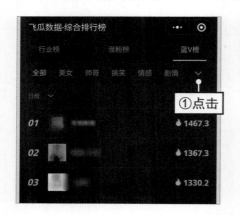 

图 11-12　按分类查看蓝 V 排行榜

### 11.2.4　抓住短视频带货商品

在抖音带货视频中，商品的选择也会对产品销量产生影响，选择更适合抖音平台的优质商品，有助于提高带货视频的销售转化力。那么在抖音中，推广哪些商品才能实现销量增长呢？整体来看，在抖音视频中推荐的商品具有以下三个特点。

- 从商品渠道来看，抖音上的商品大多来自天猫商城、淘宝网和京东3个平台，其中又以天猫商城和淘宝网商品为主要渠道。
- 从产品类型来看，抖音上的带货商品主要以小件生活常用物品为主，如护肤美容、餐饮食品、服饰鞋包等。
- 从商品平均价格上来看，0～50元的商品在抖音的占比很高，其次是50～100元、100～200元，上千元的商品多集中为手机及数码产品、电脑及办公产品等。

通过上述特点可以看出，在抖音视频中，更适合关联价格较低的，人们日常生活中常用的小件日用品。清楚了抖音带货商品的整体特征后，运营者还需要了解抖音商品排行榜，通过对抖音商品榜单进行数据分析来发现优质商品，如图11-13所示为飞瓜数据抖音商品排行榜。

图11-13 飞瓜数据抖音商品排行榜

在图11-13所示的页面中,可以按浏览量、销量、商品品类等来查看抖音商品排行榜,通过该榜单,运营者可以了解到哪些商品在抖音浏览量或销量高。在分析过程中,运营者可以单击排行前列的商品超链接,进入商品详情页了解商品特点。

除了了解商品排行榜外,运营者还需要了解哪些带货视频转化率高,分析带货视频的特点,为后期拍摄带货视频提供优化依据,如图11-14所示为飞瓜数据电商视频品类排行榜。

图11-14 飞瓜数据电商视频品类排行榜

在图11-14所示的页面中,运营者可以按品牌、行业等来查看带货视频排行榜,单击视频名称超链接可查看视频详情,单击关联商品超链接可进入商品热度分析页面。以"成人款遥控飞机"带货视频为例,查看该视频内容后,可以总结出以下两点带货视频优化建议。

◆ 在视频中体现产品的功能价值,可以激发用户购买欲。
◆ 在视频中可以利用感官冲击来提高产品吸引力。

如图11-15所示为"成人款遥控飞机"带货视频部分截图,从图中可以看出该带货视频中展示了该产品的功能特点。

图 11-15 "成人款遥控飞机"带货视频

## 11.3 抖音账号价值评估

在抖音平台中，短视频账号的整体表现位于该领域的哪个位置，这是运营者在进行数据分析时需要了解的。通过对抖音账号的价值进行评估，可以让运营者清楚与竞品账号之间存在哪些差距，从而提升账号运营能力。

### 11.3.1 了解账号在行业所处位置

在卡思数据中，运营者可以通过短视频达人排行榜了解不同领域排名前列的短视频红人。在排行榜页面，可以看到账号的"卡思指数"数据，如图 11-16 所示。

| 粉丝总数 | 集均评论 | 集均赞 | 集均分享 | 卡思指数 |
|---|---|---|---|---|
| 393.0万 | 8,677 | 40.5万 | 5,252 | 741 |

图 11-16 短视频达人排行榜其账号数据

抖音卡思指数是由粉丝得分、集均评论得分、集均赞得分和集均分享得分综合评估的一个分值，该分值体现了抖音账号的整体价值，总分为1000分，不同评分标准的含义如下。

- **粉丝得分**：通过总粉丝和粉丝质量计算得出，其中粉丝质量通过粉丝黏性、活跃程度和引流量来衡量。
- **集均评论得分**：通过统计周期内短视频的集均评论计算得出，集均评论数为近90天内所有视频的评论总数／视频个数。
- **集均赞得分**：通过统计周期内短视频的集均点赞计算得出，集均点赞数为近90天内所有视频的点赞总数／视频个数。
- **集均分享得分**：通过统计周期内短视频的集均分享计算得出，集均分享数为近90天内所有视频的分享总数／视频个数。

了解了卡思指数的评分标准后，运营者要如何查看自身抖音账号所处的位置呢？具体可通过自身卡思指数来判断。在卡思数据首页搜索抖音账号，进入详情页后即可查看到抖音账号的卡思指数和平台排名，如图11-17所示。

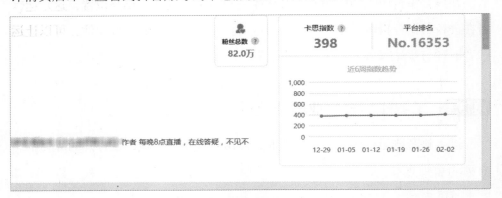

图11-17 查看账号卡思指数

查看到自身账号的卡思指数后，运营者可根据《卡思"数据"区间卡位－抖音红人篇》报告中提供的指标区间来了解抖音账号所处的行业区间位置。报告中将指标区间分为了4条线，包括顶级TOP线、90%线、80%线和60%线，不同区间的卡思指数标准如表11-4所示。

表 11-4　不同区间的指数标准

| 指标线 | 卡思指数 |
| --- | --- |
| 顶级 TOP 线 | 905 |
| 90% 线 | 528 |
| 80% 线 | 460 |
| 60% 线 | 370 |

根据表 11-4 所示的指标区间，如果抖音账号的卡思指数超过了 370，则表明该账号的卡思指数评分超过了抖音平台上 60% 的抖音红人。以此类推，如果卡思指数超过了 460，则表明抖音账号的卡思指数评分超过了抖音平台上 80% 的抖音红人。

需要注意，《卡思"数据"区间卡位－抖音红人篇》报告中呈现的区间卡位仅统计粉丝总量超 10 万，30 天内发布过短视频的抖音账号。其中，顶级 TOP 线仅取该标签内 TOP10 的牛人数据。

## 11.3.2　查看抖音账号评估报告

在抖音账号运营期间，运营者如果要全面了解账号的价值，包括带货能力、视频数据表现能力等，可通过超微数据提供的账号评估工具来查看，以下是具体操作。

进入抖音账号"个人名片"页面，点击"分享"按钮，在打开的对话框中点击"复制链接"按钮，如图 11-18 所示。

图 11-18　复制抖音账号链接

打开手机微信，在搜索栏输入"超微数据"，点击搜索结果超链接，在打开的页面中点击"关注公众号"按钮，如图11-19所示。

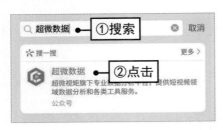 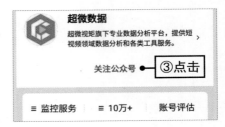

图11-19 搜索公众号

进入公众号消息窗口，点击"账号评估"按钮，在打开的页面中粘贴复制的抖音账号主页链接，点击"确定"按钮，如图11-20所示。

图11-20 粘贴抖音账号链接

在页面下方点击"提交评估"按钮，等待账号评估，评估完成后在公众号消息窗口点击"详情"超链接，如图11-21所示。

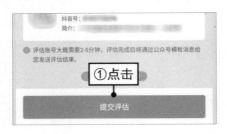 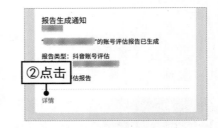

图11-21 提交评估

在打开的评估报告中，运营者可以查看到该账号的粉丝数、爆款作品数据、价值评估数据、视频数据表现以及带货能力评估等，如图11-22所示。

# 第 11 章
## 抖音短视频投放效果跟踪

图 11-22 查看抖音账号评估报告

## 11.4 粉丝数据管理与维护

在抖音账号运营过程中，通过优质的短视频内容吸引粉丝关注后，运营者还需要通过后期维护来留住粉丝并沉淀粉丝，这样才能不断提高账号影响力，利用粉丝经济来实现营销目的。

### 11.4.1 了解抖音账号粉丝增量

目前抖音账号粉丝总量是多少？增长速度是快还是慢？是否有掉粉的情况？这些问题都可以通过数据分析来找到答案。以小葫芦数据工具为例，在账号详情页即可查看到粉丝总数以及 30 天增粉数据，如图 11-23 所示。

图 11-23 查看粉丝量数据

单击"粉丝趋势"选项卡，在打开的页面中可查看到粉丝增长趋势以及抖音粉丝变化情况。其中，正值表示粉丝增加，负值表示粉丝减少，如图11-24所示。

图 11-24　抖音账号粉丝趋势

从图 11-25 所示的趋势图可以看出，粉丝量 1 月 7 日～1 月 25 日增速平稳，在 1 月 27 日和 1 月 31 日出现了较高的增长，随后增长趋势下滑，并出现了负增长。若粉丝量持续保持负增长状态，那么运营者就要引起重视，分析是什么原因导致了账号掉粉严重。

## 11.4.2　了解用户评论热点

在抖音中，可以看到有的短视频评论量很高，但有的却寥寥数人。针对自身运营的抖音账号，运营者也要了解其评论量的高低以及作品的整体评论趋势。

在飞瓜数据短视频账号数据概览页，运营者可以查看近期 10 个作品的评论量表现。将鼠标光标移动到具体的日期上，还可以查看详细的评论和点赞数据，如图 11-25 所示。

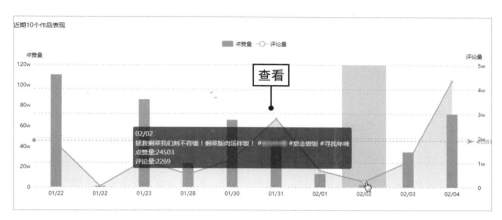

图 11-25 近期 10 个作品的评论数据

进入视频详情页，可以查看到当前视频的评论热词和商品热词，如图 11-26 所示。

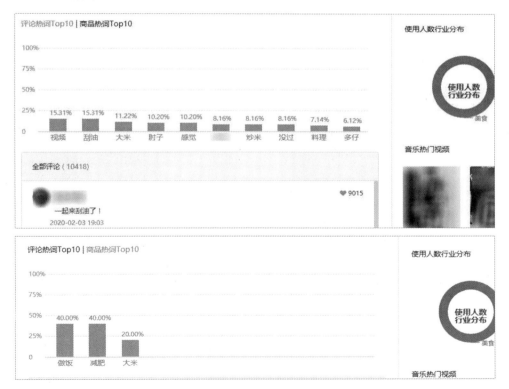

图 11-26 短视频评论热词和商品热词 Top10

在短视频评论页中集合了粉丝对当前视频内容的反馈，积极回复粉丝的评论，了解粉丝评论的热点，有助于维护粉丝关系。另外，在粉丝评论中也可以找到一些短视频素材灵感。

### 11.4.3 开启通知避免错过互动信息

在抖音"消息"页面，有4个基础动态消息与粉丝运营密切相关，包括粉丝、赞、@我的和评论。其中，"粉丝"可以查看账号的新增粉丝；"赞"可以查看点赞视频的用户；"@我的"可以查看在短视频作品中@自己的用户；"评论"可以查看哪些用户对视频进行过评论。

及时处理这些动态消息，有助于维护粉丝关系，提高粉丝对账号的好感度。在抖音的通知设置页面，运营者可以开启互动通知，以避免错过互动，以下是具体操作。

在"设置"页面点击"通知设置"超链接，在打开的页面中开启互动通知，如图11-27所示。

图 11-27　开启互动通知

# 第12章 不同领域如何持续提升影响力

随着短视频用户规模数的不断增长,越来越多的内容创作者进入了短视频领域。参与短视频创作人数的增多,一方面给短视频生态注入了更多活力,另一方面也加速了创作者之间的竞争,不同领域的创作者都需要不断提升自身影响力才能抓住用户。

- ▶ 如何在抖音做美妆短视频
- ▶ 同质化情形下如何脱颖而出
- ▶ 加深垂类内容输出
  ……
- ▶ 美妆内容的升级玩法
- ▶ 将视频与产品直接关联
- ▶ 宠物企业的抖音玩法

## 12.1 美妆类短视频

美妆是短视频中比较热门的一个领域,从抖音海量的用户群体来看,用户对美妆类短视频内容也拥有广泛的需求。对于美妆领域的创作者来说,如何满足用户多样化的内容需求是其重大的挑战。

### 12.1.1 如何在抖音做美妆短视频

美妆类短视频是抖音中内容变现表现良好的一个领域,对于运营者来说,在抖音做美妆类短视频,要注意把握以下三点。

◆ 把握内容方向

目前,抖音美妆类短视频内容越来越偏向于垂直化,类型包括种草、评测、技能教程、盘点、剧情演绎等。另外,直播带货也逐渐成为抖音美妆类短视频创作者重要的内容营销方向。对于还未尝试过抖音直播的美妆达人,可以逐步考虑边看边买式的抖音直播营销玩法,来拓展抖音平台的营销变现方式。

◆ 稳定创作质量

内容专业度的高低是美妆类达人能否留住粉丝的重要因素,在抖音中,很多优秀的美妆达人其短视频内容的专业度都很高,以专注于妆容教程的达人为例,其分享的护肤化妆知识都很专业,更新频率也很稳定,多以周更、日更为主。

对于想要通过广告代言实现美妆类短视频变现的达人来说,稳定的创作质量也是广告主选择合作对象的一个考量标准,专业度不高的纯颜值类美妆达人较难获得广告主的青睐。

因此,对于想要在美妆类短视频赛道中保持影响力的达人来说,提高视频内容的专业度,保持有用内容创作质量的稳定性是很重要的,仅靠"颜值"已很难取悦用户。

◆ 保持鲜明人设

在抖音中,人设丰富鲜明的美妆类短视频达人其粉丝数量以及质量会更高。

因此，美妆类短视频达人要注重营造个性突出的主体形象，这样更便于粉丝记忆。另外，除了女性美妆博主外，抖音中也逐渐出现了不少男性美妆博主，这些男性美妆博主凭借着突出的个人定位和创意内容的输出，也赢得大量粉丝的关注，如"黑马小明"等。打造"精致"的男性美妆博主形象，也是运营者可以考虑的短视频主体人设方向。

### 12.1.2 美妆内容的升级玩法

观察抖音平台上的美妆类短视频内容，可以看出其大多是围绕美妆产品或妆容反转来策划内容或剧情，如图12-1所示。

 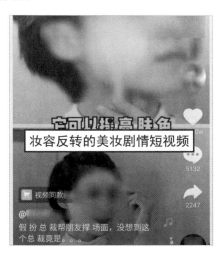

图 12-1 抖音平台上常见的美妆类短视频

围绕产品来策划的美妆类短视频，如评测、开箱等，其内容优点在于能让观众清楚地了解产品特点以及效用，具有很强的种草性。但由于这类内容的准入门槛较低，因此同质化现象也比较严重，创作者要让视频内容独特并出众相对而言会比较困难。

围绕妆容反转来策划的美妆剧情类短视频，其内容优点在于具有很强的故事性，内容本身会更吸引观众，由于需要用较长的时间来讲述故事情节，因此视频中留给产品介绍的时间会相对较少。

随着美妆类短视频内容形式的不断发展，一些升级的内容玩法也逐渐产生，其中比较典型的是将美妆产品与剧情深入融合，即在提高美妆短视频剧情观赏性的同时，将产品软性植入在剧情中，给产品本身更多可展示的空间。

这类短视频的剧情不再局限于妆容逆袭，更多有关职场、家庭以及校园的故事加入到视频内容中，在视频中也会以口播的形式介绍产品亮点，这也使得产品的曝光效果更好。

以一条口红产品+剧情的美妆类短视频为例，其讲述了同事想让主人公为自己背锅，结果被揭穿的故事。在视频中，主人公以口播的形式介绍了口红的特点，同时展示了上唇后的效果，这种直观的效果呈现，无须达人过多解说产品效用，也能达到产品曝光种草的目的，如图12-2所示。

图12-2　口红产品+剧情美妆类短视频

## 12.2　美食类短视频

美食类短视频是抖音中的大热类别，其受众人群也很广泛，既包括想要学习美食技巧的用户，也有单纯想要打发时间欣赏美食的群体。作为抖音中的大热类别，美食类短视频应如何发挥自身优势呢？

# 第 12 章
## 不同领域如何持续提升影响力

### 12.2.1 同质化情形下如何脱颖而出

在抖音中，美食类短视频创作者的增长量相比文化、生活百科类是比较快的，这也使得美食领域的短视频赛道愈发拥挤，同质化现象越来越严重。在这种情况下，视频创作者想要突破流量瓶颈就需要提升自身作品的特色，以下三点内容创作方式可供运营者借鉴参考。

◆ 升级美食教程内容

在运营美食类短视频账号时，运营者可以选择持续发布美食教程内容，但要想留住粉丝，让视频脱颖而出，可以采用升级场景或菜谱的方式来吸睛。比如将做菜场景由室内厨房变换为办公室、室外等，将菜谱由普通的家常菜升级为特色菜，如图 12-3 所示。

图 12-3 美食类短视频

◆ 突出人物 IP

对于有人物出境的美食类短视频而言，在体现美食的制作过程时，也可以突出人物特征，打造人物 IP 形象。具体可从人物服装、拍摄场景等方面来突出创作者的特色。

◆ 美食＋乡村结合

将美食与乡村相结合也能让美食类短视频更具有特色，这类短视频会在内容中展现地理景观、文化特征以及美食特产等，可以让观众感受到乡村田野和质朴悠然的气息，因此也深受大众的喜爱，如图12-4所示。

图12-4　美食与乡村相结合

### 12.2.2 将视频与产品直接关联

在营销变现方式上，电商带货是美食类短视频主要的变现方式。美食类短视频创作者可以在视频中展现产品的生产环境、制作流程等，然后将产品与视频相关联，这样变现更容易。

以抖音上的三农视频达人为例，其主要在短视频中展现自家种植的水果、手工制作的美食等，然后通过商品橱窗或视频购物车来推荐自家的产品。在视频中，观众可以看到水果从生长到采摘的全过程，也能看到食材的取材地。通过长期的抖音视频的真实记录，会使观众对三农视频达人所推荐的农副产品产生信任感，从而购买其推荐的产品。由此达人也实现了产品的销售，如图12-5所示。

第 12 章
不同领域如何持续提升影响力

图 12-5　在短视频中展现农副产品

## 12.3 萌宠类短视频

在抖音内容生态中,萌宠类短视频也是重要的一大类型,伴随着宠物经济的快速发展,萌宠类短视频也在不断发展。

### 12.3.1 加深垂类内容输出

观察抖音中的萌宠类短视频可以看出,其大多以搞笑娱乐风格为主,多为泛娱乐性内容,内容创作者的更新规律并不是特别稳定。而在抖音短视频细分领域中,萌宠类短视频的潜在用户群体是比较大且稳定的。如图 12-6 所示为《2019 年宠物人群专题研究报告》中关于云吸宠物("云"是指网络)形式的数据调查,可以看出不论是否养宠物,人们都喜欢通过短视频来围观宠物,这表明了萌宠类短视频有着巨大的用户潜力。

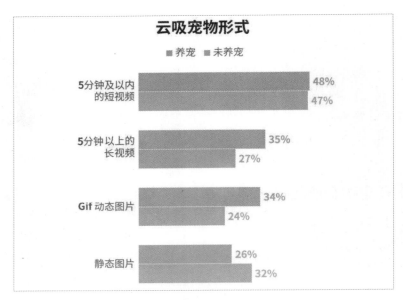

图 12-6　云吸宠物形式数据调查

从整体来看，抖音萌宠类短视频的内容形式主要以宠物拟人化为主，通过字幕、配音等来实现模仿人们说话的效果，如图 12-7 所示。

图 12-7　拟人化萌宠类短视频

拟人化的萌宠类短视频内容与宠物用品、宠物服务等产品的关联性较弱，而大部门宠物主实际上都有学习或交流宠物饲养知识的需求。对于创作者来说，如要更好地实现营销变现，可以加深垂直化内容的输出，将短视频与宠物饲养、宠物清洁服务、宠物美容等知识性内容结合起来。帮助宠物主解决养宠问题，以实现带货变现，当然泛娱乐类的萌宠短视频创作者也可以通过账号运营来实现广告代言变现。

### 12.3.2 宠物企业的抖音玩法

由于宠物的不可控性，相比其他类型的短视频，萌宠类短视频的拍摄可能会较为困难。在这种情况下，要在抖音实现短视频营销变现，企业可以借鉴以下三种思路。

◆ 网络视频二次剪辑

对于无法提供原创萌宠视频的企业来说，可在网络收集萌宠类视频，通过二次剪辑的方式发布在抖音，内容形式可以是宠物知识，也可以是搞笑宠物视频混剪等，如图12-8所示。

图12-8 宠物视频二次剪辑

◆ 动画类宠物内容

除了以上方式外，企业还可以在抖音发布动画类萌宠短视频来吸引潜在用户关注。动画类宠物知识科普内容并不需要宠物出镜，主要以介绍宠物饲养知识、剧情故事为主，通过有趣的 MG 动画来体现宠物活泼可爱的形象。

◆ 宠物日常混剪

宠物实拍视频对于爱宠人士具有很强的吸引力，在宠物配合较困难的情况下，创作者可在日常生活中多拍摄宠物视频素材，再通过后期，制作成有趣的萌宠短视频。

## 12.4 母婴类短视频

如今，短视频平台也是母婴需求人群获取资讯的重要渠道之一，越来越多的家庭开始重视饮食调理、早教启蒙等，这也使得母婴类短视频具有巨大的内容营销价值。

### 12.4.1 母婴类短视频内容形式

目前，抖音中的母婴类短视频有多种内容形式，在内容题材上，如何找到新的突破点是母婴类短视频创作者需要思考的，以下三种内容形式是抖音中常见的母婴类短视频类型。

◆ 育儿百科类

这类主要内容题材为育儿知识，涉及的范围比较广，包括早期教育、幼儿护理、幼儿营养等，这类型短视频多以 MG 动画或视频实拍的方式来呈现。其中，MG 动画能以动画的形式来呈现内容，可以增加育儿知识的趣味性；实拍类视频常常会以专家视角来解读育儿知识，这可以增加受众对知识内容的信任感，如图 12-9 所示。

第 12 章
不同领域如何持续提升影响力

图 12-9 育儿百科类短视频

◆ 宝宝辅食类

这类型的母婴类短视频主要介绍关于宝宝辅食的内容，包括辅食攻略、辅食菜谱等。在制作难度上，宝宝辅食母婴类短视频的制作难度相对较低，因此这也是同质化现象较为严重的视频类型，如图 12-10 所示。

图 12-10 宝宝辅食类短视频

299

◆ 生活趣味类

生活趣味类母婴短视频以日常亲子生活、家庭故事为主要题材，通过感人或有趣的剧情故事来吸引用户。这类型的短视频会有真人出镜，内容的可看度会较高，同时，也比较容易吸引粉丝关注。

### 12.4.2 策划符合主流用户群体的内容

对于母婴类短视频创作者来说，要想持续提高粉丝数量和黏性，首先需要明确潜在用户的内容消费特点，以保证策划的内容能更好地服务用户，受用户喜爱。根据《2019抖音母婴群体分析报告》显示，抖音中的母婴人群主要以女性为主，年龄多集中于年轻群体，如图12-11所示。

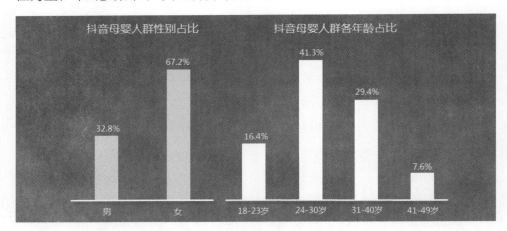

图 12-11　抖音母婴人群用户画像

通过图12-11所示的数据，母婴类短视频创作者在策划内容时就要更多地考虑年轻孕妈或宝妈所需要或喜欢的内容。从内容偏好度来看，鸡汤、亲子、美食、影视以及运动等都是主流用户群体比较喜欢的。对于母婴类短视频内容创作者来说就可以从这几个方面来选择自己擅长的领域，比如孕期科学保养、饮食调理、走心情感内容等，如图12-12所示为抖音母婴人群内容偏好。

# 第 12 章
## 不同领域如何持续提升影响力

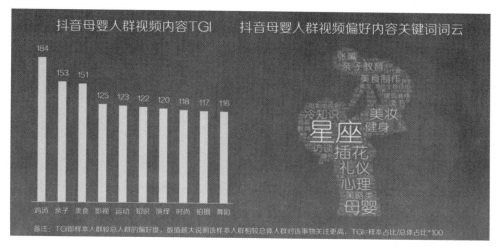

图 12-12 母婴人群内容偏好

为了有效地避免内容同质化，母婴类短视频创作者可以将用户细分，打造更垂直的内容，如将内容细分为专注于孕期护理、婴幼儿健康或 0～3 岁孩子的内容。另外，母婴类短视频创作者还可以搭建账号人设，比如图 12-9 所示的古装宫廷娘娘人设或者早教专家、精致辣妈等人设，使账号具有差异化优势。

在短视频发布时间的选择上，运营者可在 8:00～22:00 的时间段内发布视频，这是因为抖音母婴人群在白天至睡前的大部分时间内都比较活跃，如图 12-13 所示。

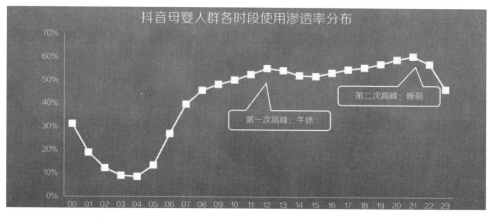

图 12-13 抖音母婴人群各时段使用渗透率分布